मैं नास्तिक क्यों हूँ

भगत सिंह

THE MILKY WAY
PUBLICATIONS

प्रकाशक : द मिल्की वे प्रकाशन
पता : मुंबई, महाराष्ट्र

फ़ोन: +91 9167080475
व्हाट्सएप नंबर: +91 9167080475

ईमेल: themilkywaypublications@gmail.com

मैं नास्तिक क्यों हूँ

भगत सिंह

ISBN: 978-81-984855-2-6

संस्करण:2024

अनुक्रम

परिचय

भगतसिंह का जन्म 28 सितम्बर, 1907 को पंजाब के लायलपुर जिला में बंगा गाँव (जो अब पाकिस्तान में है) एक सिख परिवार में हुआ था। भगतसिंह के पिता का नाम सरदार किशन सिंह और माता का नाम सरदारनी विद्यावती कौर था। यह एक किसान परिवार से थे, उनके पिता और उनके दो चाचा अजीत सिंह तथा स्वर्ण सिंह भी अंग्रेज़ों के ख़िलाफ़ आज़ादी की लड़ाई का एक हिस्सा थे। जिस समय भगतसिंह का जन्म हुआ उसी समय ही उनके पिता एवं चाचा को जेल से रिहा किया गया था। भगतसिंह की दादी ने बच्चे का नाम भागां वाला (अच्छे भाग्य वाला) रखा। बाद में उन्हें भगतसिंह कहा जाने लगा। अमृतसर में 13 अप्रैल 1919 को हुए जलियाँवाला बाग़ हत्याकाण्ड ने भगतसिंह की सोच पर गहरा प्रभाव डाला था। लाहौर के नेशनल कॉलेज की पढ़ाई छोड़कर भगतसिंह ने भारत की आज़ादी के लिए 'नौजवान भारत सभा' की स्थापना की थी। जो एक महान क्रान्तिकारी विरासत को पुनर्जागृत करने और आगे बढ़ाने के संकल्प का प्रतीक है। वर्ष 1922 में चौरी-चौरा हत्याकांड के बाद गाँधी जी ने जब किसानों का साथ नहीं दिया तब भगतसिंह बहुत निराश हुए। उसके बाद उनका अहिंसा से विश्वास कमजोर हो गया और वह इस निष्कर्ष पर पहुँचे कि सशस्त्र क्रांति ही स्वतंत्रता दिलाने का एक मात्र रास्ता है। उसके बाद वह चन्द्रशेखर आज़ाद के नेतृत्व में गठित हुई 'ग़दर दल' का हिस्सा बन गए। काकोरी काण्ड में राम प्रसाद 'बिस्मिल' सहित चार क्रान्तिकारियों को फाँसी व सोलह अन्य को कारावास की सज़ाओं से भगतसिंह इतने अधिक उद्विग्न हुए कि चन्द्रशेखर आज़ाद के साथ उनकी पार्टी 'हिन्दुस्तान रिपब्लिकन ऐसोसिएशन' से जुड़ गए और उसे एक नया नाम दिया 'हिन्दुस्तान सोशलिस्ट रिपब्लिकन एसोसिएशन'। इस संगठन का उद्देश्य- सेवा, त्याग और पीड़ा झेल सकने वाले नवयुवक तैयार करना था। उनके दल के प्रमुख क्रान्तिकारियों में चन्द्रशेखर आज़ाद, सुखदेव, राजगुरु इत्यादि थे। भगतसिंह यद्यपि रक्तपात के पक्षधर नहीं थे परन्तु वे वामपंथी विचारधारा को मानते थे, तथा कार्ल मार्क्स के सिद्धान्तों से उनका ताल्लुक़ था और उसी विचारधारा को वे आगे बढ़ा रहे थे। यद्यपि, वे समाजवाद के पक्के पोषक भी

थे। जेल में भगतसिंह क़रीब दो साल रहे। इस दौरान वे लेख लिखकर अपने क्रान्तिकारी विचार व्यक्त करते रहते थे। जेल में रहते हुए भी उनका अध्ययन लगातार जारी रहा। उनके उस दौरान लिखे गये लेख व सगे सम्बन्धियों को लिखे गये पत्र, आज भी उनके विचारों के दर्पण हैं। अपने लेखों में उन्होंने कई तरह से पूँजीपतियों को अपना शत्रु बताया है। उन्होंने लिखा कि मज़दूरों का शोषण करने वाला चाहे एक भारतीय ही क्यों न हो, वह उनका शत्रु है। उन्होंने लाहौर सेंट्रल जेल में कैद के दौरान अंग्रेज़ी में एक लेख भी लिखा, जिसका शीर्षक था– 'मैं नास्तिक क्यों हूँ?' जिसका प्रथम प्रकाशन लाहौर से ही छपने वाले अख़बार 'दि पीपल' में 27 सितम्बर 1931 को प्रकाशित हुआ। यह लेख भगतसिंह के द्वारा लिखित साहित्य के सर्वाधिक चर्चित और प्रभावशाली हिस्सों में गिना जाता है और बाद में इसका कई बार प्रकाशन हुआ। इस लेख के माध्यम से भगतसिंह ने तार्किक रूप से यह बताने की कोशिश की कि वे किसी ईश्वरीय सत्ता में क्यों यक़ीन नहीं करते हैं। अंग्रेज़ों के मज़दूरों के प्रति अत्याचार से उनका लगातार विरोध रहा। जिसके चलते मज़दूर विरोधी ऐसी नीतियों को ब्रिटिश संसद में पारित न होने देना, उनके दल का निर्णय था। सभी चाहते थे कि अंग्रेजों को पता चलना चाहिए कि हिन्दुस्तानी जाग चुके हैं और उनके हृदय में ऐसी नीतियों के प्रति आक्रोश है। ऐसा करने के लिये उन्होंने दिल्ली की केन्द्रीय असेम्बली में बम फेंकने की योजना बनाई थी। जिसके बाद उन्हें कई धाराओं में गिरफ़्तार कर फाँसी दे दी गई, और आज़ाद भारत का क्रांतिकारी नौजवान शहीद हो गय।

घर को अलविदा
पिता जी के नाम पत्र (1923)

[सन् 1923 में भगतसिंह, नेशनल कालेज, लाहौर के विद्यार्थी थे। जन-जागरण के लिए ड्रामा-क्लब में भी भाग लेते थे। क्रान्तिकारी अध्यापकों और साथियों से नाता जुड़ गया था। भारत को आज़ादी कैसे मिले, इस बारे में लम्बा-चौड़ा अध्ययन और बहसें जारी थीं। घर में दादी जी ने अपने पोते की शादी की बात चलाई। उनके सामने अपना तर्क न चलते देख पिता जी के नाम यह पत्र लिख छोड़ा और कानपुर में गणेश शंकर विद्यार्थी के पास पहुँचकर 'प्रताप' में काम शुरू कर दिया। वहीं बी. के. दत्त, शिव वर्मा, विजयकुमार सिन्हा जैसे क्रान्तिकारी साथियों से मुलाकात हुई। उनका कानपुर पहुँचना क्रांति के रास्ते पर एक बड़ा क़दम बना। पिता जी के नाम लिखा गया भगतसिंह का यह पत्र, घर छोड़ने सम्बन्धी उनके विचारों को सामने लाता है।]

पूज्य पिता जी,

नमस्ते।

मेरी ज़िन्दगी मकसदे आला[1] यानी आज़ादी-ए-हिन्द के असूल[2] के लिए वक्फ़[3] हो चुकी है। इसलिए मेरी ज़िन्दगी में आराम और दुनियावी खाहशात[4] बायसे कशिश[5] नहीं हैं।

आपको याद होगा कि जब मैं छोटा था, तो बापू जी ने मेरे यज्ञोपवीत के वक्त ऐलान किया था कि मुझे ख़िदमते वतन[6] के लिए वक्फ़ कर दिया गया है। लिहाज़ा मैं उस वक्त की प्रतिज्ञा पूरी कर रहा हूँ।

उम्मीद है आप मुझे माफ़ फ़रमाएँगे।

आपका ताबेदार,

भगतसिंह

---

1. उच्च उद्देश्य
2. सिद्धान्त
3. दान
4. सांसारिक इच्छाएँ
5. आकर्षक
6. देश-सेवा

अछूत समस्या (1923)

[काकीनाडा में 1923 में कांग्रेस-अधिवेशन हुआ। मुहम्मद अली जिन्ना ने अपने अध्यक्षीय भाषण में आजकल की अनुसूचित जातियों को, जिन्हें उन दिनों 'अछूत' कहा जाता था, हिन्दू और मुस्लिम मिशनरी संस्थाओं में बाँट देने का सुझाव दिया। हिन्दू और मुस्लिम अमीर लोग इस वर्गभेद को पक्का करने के लिए धन देने को तैयार थे। इस प्रकार अछूतों के यह 'दोस्त' उन्हें धर्म के नाम पर बाँटने की कोशिशें करते थे। उसी समय जब इस मसले पर बहस का वातावरण था, भगतसिंह ने 'अछूत का सवाल' नामक लेख लिखा। इस लेख में श्रमिक वर्ग की शक्ति व सीमाओं का अनुमान लगाकर, उसकी प्रगति के लिए ठोस सुझाव दिये गये हैं। भगतसिंह का यह लेख जून, 1928 के 'किरती' में विद्रोही नाम से प्रकाशित हुआ था।]

हमारे देश जैसे बुरे हालात किसी दूसरे देश को देखना नहीं पड़ा। यहाँ अजब-अजब सवाल उठते रहते हैं। एक अहम सवाल अछूत-समस्या है। समस्या यह है कि 30 करोड़ की जनसंख्या वाले देश में जो 6 करोड़ लोग अछूत कहलाते हैं, उनके स्पर्श मात्र से धर्म भ्रष्ट हो जाएगा! उनके मन्दिरों में प्रवेश से देवगण नाराज़ हो उठेंगे! कुएँ से उनके द्वारा पानी निकालने से कुँआ अपवित्र हो जाएगा! ये सवाल बीसवीं सदी में किए जा रहे हैं, जिन्हें कि सुनते ही शर्म आती है।

हमारा देश बहुत अध्यात्मवादी है, लेकिन हम मनुष्य को मनुष्य का दर्जा देते हुए भी झिझकते हैं, जबकि पूर्णतया भौतिकवादी कहलानेवाला यूरोप कई सदियों से इन्कलाब की आवाज़ उठा रहा है। उन्होंने अमेरिका और फ्रांस की क्रांतियों के दौरान ही समानता की घोषणा कर दी थी। आज रूस ने भी हर प्रकार का भेदभाव मिटा कर क्रांति के लिए कमर कसी हुई है। हम सदा ही आत्मा-परमात्मा के वजूद को लेकर चिन्तित होने तथा इस जोरदार बहस में उलझे हुए हैं कि क्या अछूत को जनेऊ दे दिया जाएगा? वे वेद-शास्त्र पढ़ने के अधिकारी हैं अथवा नहीं? हम उलाहना देते हैं कि हमारे साथ विदेशों में अच्छा सलूक नहीं होता। अंग्रेज़ी शासन हमें अंग्रज़ों के समान नहीं समझता। लेकिन क्या हमें यह शिकायत करने का अधिकार है?

सिन्ध के एक मुस्लिम सज्जन श्री नूर मुहम्मद ने, जो बम्बई कौंसिल के सदस्य हैं, इस विषय पर 1926 में ख़ूब कहा–

"If the Hindu society refuses to allow other human beings, fellow creatures so that to attend public school, and if the president of local board representing so many lakhs of people in this house refuses to allow his fellows and brothers the elementary human right of having water to drink, what right have they to ask for more rights from the bureaucracy? Before we accuse people coming from other lands, we should see how we ourselves behave toward our own people. How can we ask for greater political rights when we ourselves deny elementary rights of human beings."

वे कहते हैं कि जब तुम एक इनसान को पीने के लिए पानी देने से भी इनकार करते हो, जब तुम उन्हें स्कूल में भी पढ़ने नहीं देते तो तुम्हें क्या अधिकार है कि अपने लिए अधिक अधिकारों की माँग करो? जब तुम एक इनसान को समान अधिकार देने से भी इनकार करते हो तो तुम अधिक राजनीतिक अधिकार माँगने के अधिकारी कैसे बन गए?

बात बिलकुल खरी है। लेकिन यह क्योंकि एक मुस्लिम ने कही है इसलिए हिन्दू कहेंगे कि देखो, वह उन अछूतों को मुसलमान बना कर अपने में शामिल करना चाहते हैं।

जब तुम उन्हें इस तरह पशुओं से भी गया-बीता समझोगे तो वह जरूर ही दूसरे धर्मों में शामिल हो जाएँगे, जिनमें उन्हें अधिक अधिकार मिलेंगे, जहाँ उनसे इनसानों जैसा व्यवहार किया जाएगा। फिर यह कहना कि देखो जी, ईसाई और मुसलमान हिन्दू क़ौम को नुकसान पहुँचा रहे हैं, व्यर्थ होगा।

कितना स्पष्ट कथन है, लेकिन यह सुनकर सभी तिलमिला उठते हैं। ठीक इसी तरह की चिन्ता हिन्दुओं को भी हुई। सनातनी पण्डित भी कुछ-न-कुछ इस मसले पर सोचने लगे। बीच-बीच में बड़े 'युगांतरकारी' कहे जानेवाले भी शामिल हुए। पटना में हिन्दू महासभा का सम्मेलन लाला लाजपतराय–जोकि अछूतों के बहुत पुराने समर्थक चले आ रहे हैं–की अध्यक्षता में हुआ, तो जोरदार बहस छिड़ी। अच्छी नोंक-झोंक हुई। समस्या यह थी कि अछूतों को यज्ञोपवीत धारण करने का हक़ है अथवा नहीं? तथा क्या उन्हें वेद-शास्त्रों का अध्ययन करने का अधिकार है? बड़े-बड़े समाज-सुधारक तमतमा गये, लेकिन लालाजी ने सबको सहमत कर दिया तथा यह दो बातें स्वीकृत कर, हिन्दू धर्म की लाज रख ली। वरना ज़रा सोचो, कितनी शर्म की बात होती। कुत्ता हमारी गोद में बैठ सकता है।

हमारी रसोई में निःसंग फिरता है, लेकिन एक इनसान का हमसे स्पर्श हो जाए तो बस धर्म भ्रष्ट हो जाता है। इस समय मालवीय जी जैसे बड़े समाज-सुधारक, अछूतों के बड़े प्रेमी और न जाने क्या-क्या पहले एक मेहतर के हाथों गले में हार डलवा लेते हैं, लेकिन कपड़ों सहित स्नान किये बिना स्वयं को अशुद्ध समझते हैं! क्या ख़ूब यह चाल है! सबको प्यार करनेवाले भगवान की पूजा करने के लिए मन्दिर बना है, लेकिन वहाँ अछूत जा घुसे, तो वह मन्दिर अपवित्र हो जाता है! भगवान रुष्ट हो जाता है! घर की जब यह स्थिति हो तो बाहर हम बराबरी के नाम पर झगड़ते अच्छे लगते हैं? तब हमारे इस रवैये में कृतघ्नता की भी हद पाई जाती है। जो निम्नतम काम करके हमारे लिए सुविधाओं को उपलब्ध कराते हैं उन्हें ही हम दुरदुराते हैं। पशुओं की हम पूजा कर सकते हैं, लेकिन इनसान को पास नहीं बिठा सकते!

आज इस सवाल पर बहुत शोर हो रहा है। उन विचारों पर आजकल विशेष ध्यान दिया जा रहा है। देश में मुक्ति कामना जिस तरह बढ़ रही है, उसमें साम्प्रदायिक भावना ने और कोई लाभ पहुँचाया हो अथवा नहीं लेकिन एक लाभ ज़रूर पहुँचाया है। अधिक अधिकारों की माँग के लिए अपनी-अपनी क़ौमों की संख्या बढ़ाने की चिन्ता सबको हुई। मुस्लिमों ने ज़रा ज़्यादा ज़ोर दिया। उन्होंने अछूतों को मुसलमान बनाकर अपने बराबर अधिकार देने शुरू कर दिए। इससे हिन्दुओं के अहम को चोट पहुँची। स्पर्धा बढ़ी। फ़साद भी हुए। धीरे-धीरे सिखों ने भी सोचा कि हम पीछे न रह जायें। उन्होंने भी अमृत छकाना आरम्भ कर दिया। हिंदू-सिखों के बीच अछूतों के जनेऊ उतारने या केश कटवाने के सवालों पर झगड़े हुए। अब तीनों क़ौमें अछूतों को अपनी-अपनी ओर खींच रही है। इसका बहुत शोर-शराबा है। उधर ईसाई चुपचाप उनका रुतबा बढ़ा रहे हैं। चलो, इस सारी हलचल से ही देश के दुर्भाग्य की लानत दूर हो रही है।

इधर जब अछूतों ने देखा कि उनकी वजह से इनमें फ़साद हो रहे हैं तथा उन्हें हर कोई अपनी-अपनी ख़ुराक समझ रहा है तो वे अलग ही क्यों न संगठित हो जाएं? इस विचार के अमल में अंग्रेज़ी सरकार का कोई हाथ हो अथवा न हो लेकिन इतना अवश्य है कि इस प्रचार में सरकारी मशीनरी का काफ़ी हाथ था। 'आदि धर्म मण्डल' जैसे संगठन उस विचार के प्रचार का परिणाम हैं।

अब एक सवाल और उठता है कि इस समस्या का सही निदान क्या हो? इसका जवाब बड़ा अहम है। सबसे पहले यह निर्णय कर लेना चाहिए कि सब इनसान समान हैं तथा न तो जन्म से कोई भिन्न पैदा हुआ और न कार्य-विभाजन से। अर्थात् क्योंकि एक आदमी ग़रीब मेहतर के घर पैदा हो गया है, इसलिए जीवन भर मैला ही साफ़ करेगा और दुनिया में किसी तरह के विकास का काम

पाने का उसे कोई हक़ नहीं है, ये बातें फ़िज़ूल हैं। इस तरह हमारे पूर्वज आर्यों ने इनके साथ ऐसा अन्यायपूर्ण व्यवहार किया तथा उन्हें नीच कह कर दुत्कार दिया एवं निम्नकोटि के कार्य करवाने लगे। साथ ही यह भी चिन्ता हुई कि कहीं ये विद्रोह न कर दें, तब पुनर्जन्म के दर्शन का प्रचार कर दिया कि यह तुम्हारे पूर्व जन्म के पापों का फल है। अब क्या हो सकता है? चुपचाप दिन गुज़ारो! इस तरह उन्हें धैर्य का उपदेश देकर वे लोग उन्हें लम्बे समय तक के लिए शान्त करा गए। लेकिन उन्होंने बड़ा पाप किया। मानव के भीतर की मानवीयता को समाप्त कर दिया। आत्मविश्वास एवं स्वावलम्बन की भावनाओं को समाप्त कर दिया। बहुत दमन और अन्याय किया गया। आज उस सबके प्रायश्चित्त का वक्त है।

इसके साथ एक दूसरी गड़बड़ी हो गयी। लोगों के मनों में आवश्यक कार्यों के प्रति घृणा पैदा हो गई। हमने जुलाहे को भी दुत्कारा। आज कपड़ा बुननेवाले भी अछूत समझे जाते हैं। यू. पी. की तरफ कहार को भी अछूत समझा जाता है। इससे बड़ी गड़बड़ी पैदा हुई। ऐसे में विकास की प्रक्रिया में रुकावटें पैदा हो रही हैं।

इन तबकों को अपने समक्ष रखते हुए हमें चाहिए कि हम न इन्हें अछूत कहें और न समझें। बस, समस्या हल हो जाती है। नौजवान भारत सभा तथा नौजवान कांग्रेस ने जो ढंग अपनाया है वह काफ़ी अच्छा है। जिन्हें आज तक अछूत कहा जाता रहा उनसे अपने इन पापों के लिए क्षमायाचना करनी चाहिए तथा उन्हें अपने जैसा इनसान समझना, बिना अमृत छकाए, बिना कलमा पढ़ाए या शुद्धि किए उन्हें अपने में शामिल करके उनके हाथ से पानी पीना, यही उचित ढंग है। और आपस में खींचतान करना और व्यवहार में कोई भी हक़ न देना, कोई ठीक बात नहीं है।

जब गाँवों में मज़दूर-प्रचार शुरू हुआ। उस समय किसानों को सरकारी आदमी यह बात समझा कर भड़काते थे कि देखो, यह भंगी-चमारों को सिर पर चढ़ा रहे हैं और तुम्हारा काम बंद करवाएंगे। बस किसान इतने में ही भड़क गए। उन्हें याद रहना चाहिए कि उनकी हालत तब तक नहीं सुधर सकती जब तक कि वे इन ग़रीबों को नीच और कमीन कह कर अपनी जूती के नीचे दबाए रखना चाहते हैं। अक्सर कहा जाता है कि वह साफ़ नहीं रहते। इसका उत्तर साफ़ है- वे ग़रीब हैं। ग़रीबी का इलाज करो। ऊँचे-ऊँचे कुलों के ग़रीब लोग भी कोई कम गन्दे नहीं रहते। गन्दे काम करने का बहाना भी नहीं चल सकता, क्योंकि माताएँ बच्चों का मैला साफ़ करने से मेहतर तथा अछूत तो नहीं हो जातीं।

लेकिन यह काम उतने समय तक नहीं हो सकता जितने समय तक कि अछूत क़ौमें अपने आपको संगठित न कर लें। हम तो समझते हैं कि उनका स्वयं को अलग संगठनबद्ध करना तथा मुस्लिमों के बराबर गिनती में होने के कारण उनके बराबर अधिकारों की माँग करना बहुत आशाजनक संकेत हैं। या तो

साम्प्रदायिक भेद का झंझट ही ख़त्म करो, नहीं तो उनके अलग अधिकार उन्हें दे दो। कौंसिलों और असेम्बलियों का कर्तव्य है कि वे स्कूल-कालेज, कुएँ तथा सड़क के उपयोग की पूरी स्वतन्त्रता उन्हें दिलाएँ। जबानी तौर पर ही नहीं, वरन साथ ले जाकर उन्हें कुओं पर चढ़ाएँ। उनके बच्चों को स्कूलों में प्रवेश दिलाएँ। लेकिन जिस लेजिस्लेटिव में बालविवाह के विरुद्ध पेश किए बिल तथा मज़हब के बहाने हाय-तौबा मचाई जाती है, वहाँ वे अछूतों को अपने साथ शामिल करने का साहस कैसे कर सकते हैं?

इसलिए हम मानते हैं कि उनके अपने जन-प्रतिनिधि हों। वे अपने लिए अधिक अधिकार मांगें। हम तो साफ़ कहते हैं कि उठो, अछूत कहलानेवाले असली जनसेवको तथा भाइयो! उठो! अपना इतिहास देखो। गुरु गोविन्दसिंह की फ़ौज की असली शक्ति तुम्हीं थे! शिवाजी तुम्हारे भरोसे पर ही सब कुछ कर सके, जिस कारण उनका नाम आज भी ज़िन्दा है। तुम्हारी कुर्बानियाँ स्वर्णाक्षरों में लिखी हुई हैं। तुम जो नित्यप्रति सेवा करके जनता के सुखों में बढ़ोतरी करके और ज़िन्दगी संभव बना कर यह बड़ा भारी अहसान कर रहे हो, उसे हम लोग नहीं समझते। लैण्ड-एलियेनेशन एक्ट के अनुसार तुम धन एकत्र कर भी ज़मीन नहीं ख़रीद सकते। तुम पर इतना जुल्म हो रहा है कि मिस मेयो मनुष्यों से भी कहती हैं- उठो, अपनी शक्ति पहचानो। संगठनबद्ध हो जाओ। असल में स्वयं कोशिश किए बिना कुछ भी न मिल सकेगा। (Those who would be free must themselves strike the blow.)

स्वतन्त्रता के लिए स्वाधीनता चाहनेवालों को यत्न करना चाहिए। इनसान की धीरे-धीरे कुछ ऐसी आदतें हो गई हैं कि वह अपने लिए तो अधिक अधिकार चाहता है, लेकिन जो उनके मातहत हैं उन्हें वह अपनी जूती के नीचे ही दबाए रखना चाहता है। कहावत है- 'लातों के भूत बातों से नहीं मानते'। अर्थात् संगठनबद्ध हो अपने पैरों पर खड़े होकर पूरे समाज को चुनौती दे दो। तब देखना, कोई भी तुम्हें तुम्हारे अधिकार देने से इनकार करने की जुर्रत न कर सकेगा। तुम दूसरों की खुराक मत बनो। दूसरों के मुँह की ओर न ताको। लेकिन ध्यान रहे, नौकरशाही के झाँसे में मत फँसना। यह तुम्हारी कोई सहायता नहीं करना चाहती, बल्कि तुम्हें अपना मोहरा बनाना चाहती है। यही पूँजीवादी नौकरशाही तुम्हारी ग़ुलामी और ग़रीबी का असली कारण है। इसलिए तुम उसके साथ कभी न मिलना। उसकी चालों से बचना। तब सब कुछ ठीक हो जायेगा। तुम असली सर्वहारा हो... संगठनबद्ध हो जाओ। तुम्हारी कुछ भी हानि न होगी। बस ग़ुलामी की जंजीरें कट जाएँगी। उठो, और वर्तमान व्यवस्था के विरुद्ध बग़ावत खड़ी कर दो। धीरे-धीरे होनेवाले सुधारों से कुछ नहीं बन सकेगा। सामाजिक आन्दोलन से

क्रांति पैदा कर दो तथा राजनीतिक और आर्थिक क्रांति के लिए कमर कस लो। तुम ही तो देश का मुख्य आधार हो, वास्तविक शक्ति हो। सोए हुए शेरो! उठो और बग़ावत खड़ी कर दो।

युवक! (मई, 1925)

['युवक!' शीर्षक से नीचे दिया गया भगतसिंह का यह लेख 'साप्ताहिक मतवाला' (वर्ष: 2, अंक सं. 36, 16 मई, 1925) में बलवन्तसिंह के नाम से छपा था। इस लेख की चर्चा 'मतवाला' के सम्पादकीय कर्म से जुड़े आचार्य शिवपूजन सहाय की डायरी में भी मिलती है। लेख से पूर्व यहाँ 'आलोचना' में प्रकाशित डायरी के उस अंश को भी उद्धृत किया जा रहा है।]

संध्या समय सम्मेलन भवन के रंगमंच पर देशभक्त की स्मृति में सभा हुई...। भगतसिंह ने 'मतवाला' (कलकत्ता) में एक लेख लिखा था: जिसको सँवार-सुध ार कर मैंने छापा था और उसे पुस्तक भण्डार द्वारा प्रकाशित 'युवक साहित्य' में संग्रहीत भी मैंने ही किया था। वह लेख बलवन्तसिंह के नाम से लिखा था। क्रांतिकारी लेख प्राय: गुमनाम लिखते थे। यह रहस्य किसी को ज्ञात नहीं। वह लेख युवक-विषयक था। वह लाहौर से उन्होंने भेजा था। असली नाम की जगह 'बलवंतसिंह' ही छापने को लिखा था।

(आचार्य शिवपूजन सहाय की डायरी के अंश, 23 मार्च, पृष्ठ 28, आलोचना-67/वर्ष 32/अक्तूबर-दिसंबर, 1983)

युवावस्था मानव-जीवन का वसन्तकाल है। उसे पाकर मनुष्य मतवाला हो जाता है। हज़ारों बोतल का नशा छा जाता है। विधाता की दी हुई सारी शक्तियाँ सहस्र धारा होकर फूट पड़ती हैं। मदांध मातंग की तरह निरंकुश, वर्षाकालीन शोणभद्र की तरह दुर्धर्ष, प्रलयकालीन प्रबल प्रभंजन की तरह प्रचण्ड, नवागत वसन्त की प्रथम मल्लिका कलिका की तरह कोमल, ज्वालामुखी की तरह उच्छृंखल और भैरवी-संगीत की तरह मधुर युवावस्था है। उज्जवल प्रभात की शोभा, स्निग्ध संध्या की छटा, शरच्चन्द्रिका की माधुरी, ग्रीष्म-मध्याह्न का उत्ताप और भाद्रपदी अमावस्या के अर्द्धरात्र की भीषणता युवावस्था में निहित है। जैसे क्रांतिकारी की जेब में बमगोला, षड्यंत्री की असटी में भरा-भराया तमंचा, रण-रस-रसिक वीर के हाथ में खड्ग, वैसे ही मनुष्य की देह में युवावस्था। 16 से 25 वर्ष तक हाड़-चाम के सन्दूक में संसार-भर के हाहाकारों को समेटकर विधाता बन्द कर देता है। दस बरस तक यह झाँझरी नैया मँझधार तूफ़ान में

डगमगाती रहती है। युवावस्था देखने में तो शस्यश्यामला वसुन्धरा से भी सुन्दर है, पर इसके अन्दर भूकम्प की-सी भयंकरता भरी हुई है। इसीलिए युवावस्था में मनुष्य के लिए केवल दो ही मार्ग हैं- वह चढ़ सकता है उन्नति के सर्वोच्च शिखर पर, वह गिर सकता है अधःपात के अंधेरे खन्दक में। चाहे तो त्यागी हो सकता है युवक, चाहे तो विलासी बन सकता है युवक। वह देवता बन सकता है, तो पिशाच भी बन सकता है। वही संसार को त्रस्त कर सकता है, वही संसार को अभयदान दे सकता है। संसार में युवक का ही साम्राज्य है। युवक के कीर्तिमान से संसार का इतिहास भरा पड़ा है। युवक ही रणचण्डी के ललाट की रेखा है। युवक स्वदेश की यश-दुन्दुभि का तुमुल निनाद है। युवक ही स्वदेश की विजय-वैजयंती का सुदृढ़ दण्ड है। वह महाभारत के भीष्मपर्व की पहली ललकार के समान विकराल है, प्रथम मिलन के स्फीत चुम्बन की तरह सरस है, रावण के अहंकार की तरह निर्भीक है, प्रह्लाद के सत्याग्रह की तरह दृढ़ और अटल है। अगर किसी विशाल हृदय की आवश्यकता हो, तो युवकों के हृदय टटोलो। अगर किसी आत्मत्यागी वीर की चाह हो, तो युवकों से माँगो। रसिकता उसी के बाँटे पड़ी है। भावुकता पर उसी का सिक्का है। वह छन्दशास्त्र से अनभिज्ञ होने पर भी प्रतिभाशाली कवि है। कवि भी उसी के हृदयारविन्द का मधुप है। वह रसों की परिभाषा नहीं जानता, पर वह कविता का सच्चा मर्मज्ञ है। सृष्टि की एक विषम समस्या है युवक। ईश्वरीय रचना-कौशल का एक उत्कृष्ट नमूना है युवक। संध्या समय वह नदी के तट पर घण्टों बैठा रहता है। क्षितिज की ओर बढ़ते जानेवाले रक्त-रश्मि सूर्यदेव को आकृष्ट नेत्रों से देखता रह जाता है। उस पार से आती हुई संगीत-लहरी के मन्द प्रवाह में तल्लीन हो जाता है। विचित्र है उसका जीवन। अद्भुत है उसका साहस। अमोघ है उसका उत्साह।

वह निश्चिन्त है, असावधान है। लगन लग गयी है, तो रात-भर जागना उसके बाएं हाथ का खेल है, जेठ की दुपहरी चैत की चाँदनी है, सावन-भादों की झड़ी मंगलोत्सव की पुष्पवृष्टि है, श्मशान की निस्तब्धता, उद्यान का विहंग-कल कूजन है। वह इच्छा करे तो समाज और जाति को उद्‌बुद्ध कर दे, देश की लाली रख ले, राष्ट्र का मुखोज्ज्वल कर दे, बड़े-बड़े साम्राज्य उलट डाले। पतितों के उत्थान और संसार के उद्धारक सूत्र उसी के हाथ में हैं। वह इस विशाल विश्व रंगस्थल का सिद्धहस्त खिलाड़ी है।

अगर रक्त की भेंट चाहिए, तो सिवा युवक के कौन देगा? अगर तुम बलिदान चाहते हो, तो तुम्हें युवक की ओर देखना पड़ेगा। प्रत्येक जाति के भाग्यविध ाता युवक ही तो होते हैं। एक पाश्चात्य पंडित ने ठीक ही कहा है– It is an established truism that youngmen of today are the countrymen of tomorrow holding in their hands the high destinies of the land. They are the seeds that spring and bear fruit. भावार्थ यह कि आज के युवक ही कल के देश के भाग्य-निर्माता हैं। वे ही भविष्य के सफलता के बीज हैं।

संसार के इतिहासों के पन्ने खोलकर देख लो, युवक के रक्त से लिखे हुए अमर सन्देश भरे पड़े हैं। संसार की क्रांतियों और परिवर्तनों के वर्णन छाँट डालो, उनमें केवल ऐसे युवक ही मिलेंगे, जिन्हें बुद्धिमानों ने 'पागल छोकड़े' अथवा 'पथभ्रष्ट' कहा है। पर जो सिड़ी हैं, वे क्या ख़ाक समझेंगे कि स्वदेशाभिमान से उन्मत्त होकर अपनी लोथों से किले की खाइयों को पाट देनेवाले जापानी युवक किस फ़ौलाद के टुकड़े थे। सच्चा युवक तो बिना झिझक के मृत्यु का आलिंगन करता है, चौखी संगीनों के सामने छाती खोलकर डट जाता है, तोप के मुँह पर बैठकर भी मुस्कराता ही रहता है, बेड़ियों की झनकार पर राष्ट्रीय गान गाता है और फाँसी के तख्ते पर अट्टहासपूर्वक आरुढ़ हो जाता है। फाँसी के दिन युवक का ही वजन बढ़ता है, जेल की चक्की पर युवक ही उद्‌बोधन मन्त्र गाता है, कालकोठरी के अन्धकार में धँसकर ही वह स्वदेश को अन्धकार के बीच से उबारता है। अमेरिका के युवक दल के नेता पैट्रिक हेनरी ने अपनी ओजस्विनी वक्तृता में एक बार कहा था- Life is a dearer outside the prisonwalls, but it is immeasurably dearer within the prison-cells, where it is the price paid for the freedom's fight. अर्थात् जेल की दीवारों से बाहर की ज़िन्दगी बड़ी महँगी है, पर जेल की काल कोठरियो की ज़िन्दगी और भी महँगी है क्योंकि वहाँ यह स्वतन्त्रता-संग्राम के मूल्य रूप में चुकाई जाती है।

जब ऐसा सजीव नेता है, तभी तो अमेरिका के युवकों में यह ज्वलन्त घोषणा करने का साहस भी है कि, "We believe that when a Government becomes a destructive of the natural right of man, it is the man's duty to destroy that Government." अर्थात् अमेरिका के युवक विश्वास करते हैं कि जन्मसिद्ध अधिकारों को पद-दलित करने वाली सत्ता का विनाश करना मनुष्य का कर्तव्य है।

ऐ भारतीय युवक! तू क्यों गफ़लत की नींद में पड़ा बेख़बर सो रहा है। उठ, आँखें खोल, देख, प्राची-दिशा का ललाट सिन्दूर-रंजित हो उठा। अब अधिक मत सो। सोना हो तो अनंत निद्रा की गोद में जाकर सो। कापुरुषता के क्रोड़ में क्यों सोता है? माया-मोह-ममता का त्याग कर गरज उठ-

"Farewell Farewell My true Love
The army is on move;
And if I stayed with you Love,
A coward I shall prove."

तेरी माता, तेरी प्रातःस्मरणीया, तेरी परम वन्दनीया, तेरी जगदम्बा, तेरी अन्नपूण र्ा, तेरी त्रिशूलधारिणी, तेरी सिंहवाहिनी, तेरी शस्यश्यामलांचला आज फूट-फूटकर रो रही है। क्या उसकी विकलता तुझे तनिक भी चंचल नहीं करती? धिक्कार है तेरी निर्जीवता पर! तेरे पितर भी नतमस्तक हैं इस नपुंसकत्व पर! यदि अब भी तेरे किसी अंग में कुछ हया बाक़ी हो, तो उठकर माता के दूध की लाज रख, उसके उद्धार का बीड़ा उठा, उसके आँसुओं की एक-एक बूँद की सौगंध ले, उसका बेड़ा पार कर और बोल मुक्त कण्ठ से- वंदेमातरम्।

नौजवान भारत सभा, लाहौर का घोषणापत्र (अप्रैल, 1928)

[शहीद भगतसिंह और भगवतीचरण वोहरा ने नौजवानों और विद्यार्थियों को संगठित करने के प्रयास 1926 से ही शुरू कर दिए थे। अमृतसर में 11, 12, 13 अप्रैल, 1928 को हुए नौजवान भारत सभा के सम्मेलन के लिए सभा का घोषणापत्र तैयार किया गया, जिसे नीचे दिया जा रहा है। भगतसिंह इस सभा के महासचिव और भगवतीचरण वोहरा प्रचार-सचिव बने।]

नौजवान साथियो,

हमारा देश एक अव्यवस्था की स्थिति से गुज़र रहा है। चारों तरफ एक-दूसरे के प्रति अविश्वास और हताशा का साम्राज्य है। देश के बड़े नेताओं ने अपने आदर्श के प्रति आस्था खो दी है और उसमें से अधिकांश को जनता का विश्वास प्राप्त नहीं है। भारत की आज़ादी के पैरोकारों के पास कोई कार्यक्रम नहीं है, और उनमें उत्साह का अभाव है। चारों तरफ अराजकता है। लेकिन किसी राष्ट्र के निर्माण की प्रक्रिया में अराजकता एक अनिवार्य तथा आवश्यक दौर है। ऐसी ही नाजुक घड़ियों में कार्यकर्ताओं की ईमानदारी की परख होती है, उनके चरित्र का निर्माण होता है, वास्तविक कार्यक्रम बनता है, और तब नये उत्साह, नयी आशाओं, नये विश्वास और नये जोशो-खरोश के साथ काम आरम्भ होता है। इसलिए इसमें मन ओछा करने की कोई बात नहीं है।

हम अपने-आपको एक नये युग के द्वार पर खड़ा पाकर बड़े भाग्यशाली हैं। अंग्रेज़ नौकरशाही के बड़े पैमाने पर गुणगान करने वाले गीत अब सुनायी नहीं देते। अंग्रेज़ का हमसे एक ऐतिहासिक प्रश्न है कि "तुम तलवार से प्रशासित होगे या कलम से?" अब ऐसा नहीं रहा कि उसका उत्तर न दिया जाता हो। लार्ड बर्केनहेड के शब्दों में, ''हमने भारत को तलवार के सहारे जीता और तलवार के बल से ही हम उसे अपने हाथ में रखेंगे।'' इस खरेपन ने अब सबकुछ साफ़ कर दिया है। जलियाँवाला और मानावाला के अत्याचारों को याद करने के बाद उद्धृत करना कि- ''अच्छी सरकार स्वशासन का स्थान नहीं ले सकती, बेहूदगी ही कही जायेगी।'' यह बात तो स्वतः स्पष्ट है।

भारत में अंग्रेज़ी हुकूमत की दी हुई सुख-सम्पदाओं के बारे में भी दो शब्द सुन लीजिए। भारत के उद्योग-धंधों के पतन और विनाश के बारे में बतौर गवाही क्या रमेशचन्द्र दत्त, विलियम डिगबी और दादा भाई नौरोजी के सारे ग्रन्थों को उद्धृत करने की आवश्यकता होगी? क्या इस बात को साबित करने के लिए कोई प्रमाण जुटाना पड़ेगा, कि अपनी उपजाऊ भूमि तथा खानों के बावजूद आज भारत सबसे गरीब देशों में से एक है, कि भारत जो अपनी महान सभ्यता पर गर्व कर सकता था आज बहुत पिछड़ा हुआ देश है, जहाँ साक्षरता का अनुपात केवल पाँच प्रतिशत है? क्या लोग यह नहीं जानते कि भारत में सबसे अधिक लोग मरते हैं और यहाँ बच्चों की मौत का अनुपात दुनिया में सबसे ऊँचा है? प्लेग, हैजा, इन्फ्लुएंजा तथा इसी प्रकार की अन्य महामारियाँ आए दिन की व्याधियाँ बनती जा रही हैं। क्या बार-बार यह सुनना कि हम स्वशासन के योग्य नहीं है, एक अपमानजनक बात नहीं है? क्या यह तौहीन की बात नहीं है कि गुरु गोविन्दसिंह, शिवाजी और हीरासिंह जैसे शूरवीरों के बाद भी हमसे कहा जाये कि हममें अपनी रक्षा करने की क्षमता नहीं है? ख़ेद है कि हमने अपने वाणिज्य और व्यवसाय को उसकी शैशवास्था में ही कुचला जाते नहीं देखा। जब बाबा गुरुदत्त सिंह ने 1914 में गुरु नानक स्टीमशिप चालू करने का प्रयास किया था तो दूर देश कनाडा में और भारत आते समय उनके साथ अमानवीय व्यवहार किया गया और अन्त में बज-बज के बन्दरगाह पर उन साहसी मुसाफ़िरों का गोलियों से ख़ूनी स्वागत किया गया। और भी क्या कुछ नहीं किया गया? क्या हमने यह सब नहीं देखा? उस भारत में जहाँ द्रौपदी के सम्मान की रक्षा में महाभारत जैसा महायुद्ध लड़ा गया था, वहाँ 1919 में दर्जनों द्रौपदियों को बेइज़्ज़त किया गया, उनके नंगे चेहरों पर थूका गया। क्या हमने यह सब नहीं देखा? फिर भी हम मौजूदा व्यवस्था से सन्तुष्ट हैं। क्या यह जीने योग्य ज़िन्दगी है?

क्या हमें यह महसूस कराने के लिए कि हम ग़ुलाम हैं और हमें आज़ाद होना चाहिए, किसी दैवी ज्ञान या आकाशवाणी की आवश्यकता है? क्या हम अवसर की प्रतीक्षा करेंगे या किसी अज्ञात की प्रतीक्षा करेंगे जो हमें महसूस कराये कि हम दलित लोग हैं? क्या हम इन्तजार में बैठे रहेंगे कि कोई दैवी सहायता आ जाये या फिर कोई जादू हो जाये कि हम आज़ाद हो जायें? क्या हम आज़ादी के बुनियादी सिद्धान्तों से अनभिज्ञ हैं? ''जिन्हें आज़ाद होना है उन्हें स्वयं चोट करनी पड़ेगी।'' नौजवानो जागो, उठो, हम काफ़ी देर सो चुके!

हमने केवल नौजवानों से ही अपील की है क्योंकि नौजवान बहादुर होते हैं, उदार एवं भावुक होते हैं, क्योंकि नौजवान भीषण अमानवीय यंत्रणाओं को

मुस्कराते हुए बर्दाश्त कर लेते हैं और बगैर किसी प्रकार की हिचकिचाहट के मौत का सामना करते हैं, क्योंकि मानव-प्रगति का सम्पूर्ण इतिहास नौजवान आदमियों तथा औरतों के ख़ून से लिखा है; क्योंकि सुधार हमेशा नौजवानों की शक्ति, साहस, आत्मबलिदान और भावात्मक विश्वास के बल पर ही प्राप्त हुए हैं–

ऐसे नौजवान जो भय से परिचित नहीं हैं और जो सोचने के बजाय दिल से कहीं अधिक महसूस करते हैं।

क्या यह जापान के नौजवान नहीं थे जिन्होंने पोर्ट आर्थर तक पहुँचने के लिए सूखा रास्ता बनाने के उद्देश्य से अपने आपको सैकड़ों की तादाद में खाइयों में झोंक दिया था? और जापान आज विश्व के सबसे आगे बढ़े हुए देशों में से एक है। क्या यह पोलैण्ड के नौजवान नहीं थे जिन्होंने पिछली पूरी शताब्दी भर बार-बार संघर्ष किये, पराजित हुए और फिर बहादुरी के साथ लड़े? और आज एक आज़ाद पोलैण्ड हमारे सामने है। इटली को आस्ट्रिया के जुऐ से किसने आज़ाद किया था? तरुण इटली ने!

युवा तुर्कों ने जो कमाल दिखलाया, क्या आप उसे जानते हैं? चीन के नौजवान जो कर रहे हैं, उसे क्या आप रोज समाचार-पत्रों में नहीं पढ़ते हैं? क्या यह रूस के नौजवान नहीं थे जिन्होंने रूसियों के उद्धार के लिए अपनी जानें कुर्बान कर दी थीं? पिछली शताब्दी भर लगातार केवल समाजवादी पर्चे बाँटने के अपराध में सैकड़ों-हज़ारों की संख्या में उन्हें साइबेरिया में जलावतन किया गया था, दोस्तोयेव्स्की जैसे लोगों को सिर्फ़ इसलिए जेलों में बन्द किया गया कि वे समाजवादी डिबेटिंग (बहस-मुबाहसा चलाने वाली) सोसाइटी के सदस्य थे। बार-बार उन्होंने दमन के तूफान का सामना किया, लेकिन उन्होंने साहस नहीं खोया। वे संघर्षरत नौजवान थे। और सब जगह नौजवान ही निडर होकर बग़ैर किसी हिचकिचाहट के और बग़ैर (लम्बी-चौड़ी) उम्मीदें बाँधे लड़ सकते हैं। और आज हम महान रूस में विश्व के मुक्तिदाता के दर्शन कर सकते हैं।

जबकि हम भारतवासी, हम क्या कर रहे हैं? पीपल की एक डाल टूटते ही हिन्दुओं की धार्मिक भावनाएँ चोटिल हो उठती हैं! बुतों को तोड़ने वाले मुसलमानों के ताजिये नामक काग़ज़ के बुत का कोना फटते ही अल्लाह का प्रकोप जाग उठता है और फिर वह 'नापाक' हिन्दुओं के ख़ून से कम किसी वस्तु से सन्तुष्ट नहीं होता! मनुष्य को पशुओं से अधिक महत्त्व दिया जाना चाहिए, लेकिन यहाँ भारत में लोग पवित्र पशु के नाम पर एक-दूसरे का सिर फोड़ते हैं।

हमारे बीच और भी बहुत से लोग हैं जो अपने आलसीपन को अन्तरराष्ट्रीयतावाद की निरर्थक बकवास के पीछे छिपाते हैं। जब उनसे अपने देश की सेवा करने को कहा जाता है तो वे कहते हैं, ''श्रीमानजी, हम लोग जगत-बन्धु हैं और सार्वभौमिक भाईचारे में विश्वास करते हैं। हमें अंग्रेज़ों से नहीं झगड़ना चाहिए। वे हमारे भाई हैं।'' क्या ख़ूब विचार हैं, क्या ख़ूबसूरत शब्दावली है! लेकिन वे इसके उलझाव को नहीं पकड़ पाते। सार्वभौमिक भाईचारे के सिद्धान्त की माँग है कि मनुष्य द्वारा मनुष्य का और राष्ट्र द्वारा राष्ट्र का शोषण असम्भव बना दिया जाये, सबको बग़ैर किसी भेदभाव के समान अवसर प्रदान किये जायें। भारत में ब्रिटिश शासन इन सब बातों का ठीक उल्टा है और हम उससे किसी प्रकार का सरोकार नहीं रखेंगे।

अब दो शब्द समाज-सेवा के बारे में। बहुत से नेक मनुष्य सोचते हैं कि समाज-सेवा (उन संकुचित अर्थों में जिनमें हमारे देश में इस शब्द का प्रयोग किया जाता है और समझा जाता है) हमारी सभी बीमारियों का इलाज है और देशसेवा का सबसे अच्छा तरीका है। इस प्रकार हम देखते हैं कि बहुत से ईमानदार नौजवान सारी ज़िन्दगी ग़रीबों में अनाज बाँटकर या बीमारों की सेवा करके ही सन्तुष्ट हो जाते हैं। ये अच्छे और आत्मत्यागी लोग हैं लेकिन वे वह समझ पाने में असमर्थ हैं कि भारत में भूख और बीमारी की समस्या को ख़ैरात के माध्यम से हल नहीं किया जा सकता।

धार्मिक अन्धविश्वास और कट्टरपन हमारी प्रगति में बहुत बड़े बाधक हैं। वे हमारे रास्ते के रोड़े साबित हुए हैं और हमें उनसे हर हालत में छुटकारा पा लेना चाहिए। ''जो चीज़ आज़ाद विचारों को बर्दाश्त नहीं कर सकती उसे समाप्त हो जाना चाहिए।'' इसी प्रकार की और भी बहुत-सी कमजोरियाँ हैं जिन पर हमें विजय पानी है। हिन्दुओं का दकियानूसीपन और कट्टरपन, मुसलमानों की धर्मान्धता तथा दूसरे देशों के प्रति लगाव और आमतौर पर सभी सम्प्रदायों के लोगों का संकुचित दृष्टिकोण आदि बातों का विदेशी शत्रु हमेशा लाभ उठाता है। इस काम के लिए सभी समुदायों के क्रान्तिकारी उत्साह वाले नौजवानों की आवश्यकता है।

हमने कुछ भी हासिल नहीं किया और हम किसी भी उपलब्धि के लिए कुछ भी त्याग करने को तैयार नहीं हैं। सम्भावित उपलब्धि में किस सम्प्रदाय का क्या हिस्सा होगा, यह तय करने में हमारे नेता आपस में झगड़ रहे हैं। महज़ अपनी बुज़दिली को और आत्मत्याग की भावना के अभाव को छिपाने के लिए वे असली समस्या पर पर्दा डालकर नकली समस्याएँ खड़ी कर रहे हैं। यह आरामतलब राजनीतिज्ञ हड्डियों के उन मुट्ठीभर टुकड़ों पर आँखें गड़ाये बैठे हैं

जिन्हें, जैसा उनका विश्वास है, सशक्त शासकगण उनके सामने फेंक सकते हैं। यह बहुत ही अपमानजनक बात है। जो लोग आज़ादी की लड़ाई में बढ़कर आते हैं, वे बैठकर यह तय नहीं कर सकते कि इतने त्याग के बाद उनकी कामयाबी होगी और उसमें उन्हें इतना हिस्सा सुनिश्चित रहना चाहिए। इस प्रकार के लोग कभी भी किसी प्रकार का त्याग नहीं करते। हमें ऐसे लोगों की आवश्यकता है जो बगैर उम्मीदों के, निर्भय होकर और बग़ैर किसी प्रकार की हिचकिचाहट के लड़ने को तैयार हों और बगैर सम्मान के, बग़ैर आँसू बहानेवालों के और बगैर प्रशस्तिगान के मृत्यु का आलिंगन करने को तैयार हों। इस प्रकार के उत्साह के अभाव में हम दो मोर्चोंवाले उस महान युद्ध को नहीं लड़ सकेंगे, जिसे हमें लड़ना है यह युद्ध दो मोर्चों वाला है, क्योंकि हमें एक तरफ अन्दरूनी शत्रु से लड़ना है और दूसरी तरफ बाहरी दुश्मन से। हमारी असली लड़ाई स्वयं अपनी अयोग्यताओं के खिलाफ है। हमारा शत्रु और कुछ हमारे अपने लोग निजी स्वार्थ के लिए उनका फ़ायदा उठाते हैं।

पंजाब के नौजवानो, दूसरे प्रान्तों के युवक अपने क्षेत्रों में जी-तोड़ परिश्रम कर रहे हैं। बंगाल के नौजवानों ने 3 फरवरी को जिस जागृति तथा संगठन-क्षमता का परिचय दिया उससे हमें सबक लेना चाहिए। अपनी तमाम कुर्बानियों के बावजूद हमारे पंजाब को राजनीतिक तौर पर पिछड़ा हुआ प्रान्त कहा जाता है, क्यों? क्योंकि लड़ाकू क़ौम होने के बावजूद हम संगठित एवं अनुशासित नहीं हैं। हमें तक्षशिला विश्वविद्यालय पर गर्व है, लेकिन आज हमारे पास संस्कृति का अभाव है और संस्कृति के लिए उच्चकोटि का साहित्य चाहिए, जिसकी संरचना सुविकसित भाषा के अभाव में नहीं हो सकती। दुख की बात है कि आज हमारे पास उनमें से कुछ भी नहीं है।

देश के सामने उपस्थित उपरोक्त प्रश्नों का समाधान तलाश करने के साथ-साथ हमें अपनी जनता को आने वाले महान संघर्ष के लिए तैयार करना पड़ेगा। हमारी राजनीतिक लड़ाई 1857 के स्वतंत्रता संग्राम के ठीक बाद से ही आरम्भ हो गयी थी। वह कई दौरों से होकर गुजर चुकी है। बीसवीं शताब्दी के आरम्भ से अंग्रेज नौकरशाही ने भारत के प्रति एक नयी नीति अपनायी है। वे हमारे देश के पूँजीपति तथा निम्नपूँजीपति वर्ग को सहूलियतें देकर उन्हें अपनी तरफ मिला रहे हैं। दोनों का हित एक हो रहा है। भारत में ब्रिटिश पूँजी के अधि काधिक प्रवेश का अनिवार्यतः यही परिणाम होगा। निकट भविष्य में बहुत शीघ्र हम उस वर्ग को तथा उसके नेताओं को विदेशी शासकों के साथ जाते देखेंगे। किसी गोलमेज कान्फ्रेन्स या इसी प्रकार की और किसी संस्था द्वारा दोनों के बीच समझौता हो जायेगा। तब उनमें शेर और लोमड़ी के बच्चे का रिश्ता नहीं

रह जायेगा। समस्त भारतीय जनता के आनेवाले महान संघर्ष के भय से आज़ादी के इन तथाकथित पैरोकारों की कतारों की दूरी बग़ैर किसी समझौते के भी कम हो जायेगी।

देश को तैयार करने के भावी कार्यक्रम का शुभारम्भ इस आदर्श वाक्य से होगा– ''क्रान्ति जनता द्वारा, जनता के हित में।'' दूसरे शब्दों में, 98 प्रतिशत के लिए स्वराज्य। स्वराज्य, जनता द्वारा प्राप्त ही नहीं, बल्कि जनता के लिए भी। यह एक बहुत कठिन काम है। यद्यपि हमारे नेताओं ने बहुत से सुझाव दिये हैं लेकिन जनता को जगाने के लिए कोई योजना पेश करके उसपर अमल करने का किसी ने भी साहस नहीं किया। विस्तार में गये बग़ैर हम यह दावे से कह सकते हैं कि अपने उद्देश्य की पूर्ति के लिए रूसी नवयुवकों की भाँति हमारे हज़ारों मेधावी नौजवानों को अपना बहुमूल्य जीवन गाँवों में बिताना पड़ेगा और लोगों को समझाना पड़ेगा कि भारतीय क्रान्ति वास्तव में क्या होगी। उन्हें समझाना पड़ेगा कि आनेवाली क्रान्ति का मतलब केवल मालिकों की तब्दीली नहीं होगा। उसका अर्थ होगा नयी व्यवस्था का जन्म– एक नयी राजसत्ता। यह एक दिन या एक वर्ष का काम नहीं है। कई दशकों का अद्वितीय आत्मबलिदान ही जनता को उस महान कार्य के लिए तत्पर कर सकेगा और इस कार्य को केवल क्रान्तिकारी युवक ही पूरा कर सकेंगे। क्रान्तिकारी से अर्थ सिर्फ़ एक बम और पिस्तौलवाले आदमी से अभिप्राय नहीं है।

युवकों के सामने जो काम है, वह काफ़ी कठिन है और उनके साधन बहुत थोड़े हैं। उनके मार्ग में बहुत-सी बाधाएँ भी आ सकती हैं। लेकिन थोड़े किन्तु निष्ठावान व्यक्तियों की लगन उन पर विजय पा सकती है। युवकों को आगे जाना चाहिए। उनके सामने जो कठिन एवं बाधाओं से भरा हुआ मार्ग है, और उन्हें जो महान कार्य सम्पन्न करना है, उसे समझना होगा। उन्हें अपने दिल में यह बात रख लेनी चाहिए कि ''सफलता मात्र एक संयोग है, जबकि बलिदान एक नियम है।'' उनके जीवन अनवरत असफलताओं के जीवन हो सकते हैं– गुरु गोविन्दसिंह को आजीवन जिन नारकीय परिस्थितियों का सामना करना पड़ा था, हो सकता है उससे भी अधिक नारकीय परिस्थितियों का सामना करना पड़े। फिर भी उन्हें यह कहकर कि अरे, यह सब तो भ्रम था, पश्चाताप नहीं करना होगा।

नौजवान दोस्तो, इतनी बड़ी लड़ाई में अपने आपको अकेला पाकर हताश मत होना। अपनी शक्ति को पहचानो। अपने ऊपर भरोसा करो। सफलता आपकी है। धनहीन, निस्सहाय एवं साधनहीन अवस्था में भाग्य आजमाने के लिए अपने पुत्र को घर से बाहर भेजते समय जेम्स गैरीबाल्डी की महान जननी ने उससे जो

शब्द कहे थे (उन्हें) याद रखो। उसने कहा, ''दस में से नौ बार एक नौजवान के साथ जो सबसे अच्छी घटना हो सकती है वह यह है कि उसे जहाज़ की छत पर से समुद्र में फेंक दिया जाये ताकि वह तैरकर या डूबकर स्वयं अपना रास्ता तय करे।'' प्रणाम है उस माँ को, जिसने ये शब्द कहे और प्रणाम है उन लोगों को जो इन शब्दों पर अमल करेंगे।

इतालवी पुनरुत्थान के प्रसिद्ध विद्वान मैजिनी ने एक बार कहा था, ''सभी महान राष्ट्रीय आन्दोलनों का शुभारम्भ जनता के अविख्यात या अनजाने, ग़ैर प्रभावशाली व्यक्तियों से होता है, जिनके पास समय और बाधाओं की परवाह न करने वाला विश्वास तथा इच्छा-शक्ति के अलावा और कुछ नहीं होता।'' जीवन की नौका को लंगर उठाने दो। उसे सागर की लहरों पर तैरने दो और फिर–

'लंगर ठहरे हुए छिछले पानी में पड़ता है।
विस्तृत और आश्चर्यजनक सागर पर विश्वास करो
जहाँ ज्वार हर समय ताजा रहता है
और शक्तिशाली धाराएँ स्वतन्त्र होती हैं
वहाँ अनायास, ऐ नौजवान कोलम्बस
सत्य का तुम्हारा नया विश्व हो सकता है।'

मत हिचको, अवतार के सिद्धान्त को लेकर अपना दिमाग़ परेशान मत करो और उसे तुम्हें हतोत्साहित मत करने दो। हर व्यक्ति महान हो सकता है, बशर्ते कि वह प्रयास करे। अपने शहीदों को मत भूलो। करतारसिंह एक नौजवान था, फिर भी बीस वर्ष से कम की आयु में ही देश की सेवा के लिए आगे बढ़कर मुस्कराते हुए वन्देमातरम् के नारे के साथ वह फाँसी के तख्ते पर गया। भाई बालमुकुन्द और अवधबिहारी दोनों ने ही जब ध्येय के लिए जीवन दिया तो वे नौजवान थे। वे तुममें से ही थे। तुम्हें भी वैसा ही ईमानदार, देशभक्त और वैसा ही दिल से आज़ादी को प्यार करने वाला बनने का प्रयास करना चाहिए, जैसे कि वे लोग थे। सब्र और होशो-हवास मत खोओ, साहस और आशा मत छोड़ो। स्थिरता और दृढ़ता को स्वभाव के रूप में अपनाओ।

नौजवानों को चाहिए कि वे स्वतन्त्रतापूर्वक, गम्भीरता से, शान्ति और सब्र के साथ सोचें। उन्हें चाहिए कि वे भारतीय स्वतन्त्रता के आदर्श को अपने जीवन के एकमात्र लक्ष्य के रूप में अपनायें। उन्हें अपने पैरों पर खड़े होना चाहिए। उन्हें अपने आपको बाहरी प्रभावों से दूर रहकर संगठित करना चाहिए। उन्हें चाहिए कि मक्कार तथा बेईमान लोगों के हाथों में न खेलें, जिनके साथ उनकी कोई समानता नहीं है और जो हर नाजुक मौके पर आदर्श का परित्याग कर देते हैं। उन्हें चाहिए

कि संजीदगी और ईमानदारी के साथ "सेवा, त्याग, बलिदान" को अनुकरणीय वाक्य के रूप में अपना मार्गदर्शक बनायें। याद रखिये कि- "राष्ट्रनिर्माण के लिए हजारों अज्ञात स्त्री-पुरुषों के बलिदान की आवश्यकता होती है जो अपने आराम व हितों के मुकाबले, तथा अपने एवं अपने प्रियजनों के प्राणों के मुकाबले देश की अधिक चिन्ता करते हैं।"

6-4-1928

वन्देमातरम!

(भगवतीचरण वोहरा बी. ए., प्रचारमन्त्री, नौजवान भारत सभा द्वारा अरोड़ वंश प्रेस, लाहौर से मुद्रित एवं प्रकाशित)

धर्म और हमारा स्वतन्त्रता संग्राम (मई, 1928)

[मई, 1928 के 'किरती' में यह लेख छपा। जिसमें भगतसिंह ने धर्म की समस्या पर प्रकाश डाला है।]

अमृतसर में 11-12-13 अप्रैल को राजनीतिक कान्फ्रेंस हुई और साथ ही युवकों की भी कान्फ्रेंस हुई। दो-तीन सवालों पर इसमें बड़ा झगड़ा और बहस हुई। उनमें से एक सवाल धर्म का भी था। वैसे तो धर्म का प्रश्न कोई न उठाता, किन्तु साम्प्रदायिक संगठनों के विरुद्ध प्रस्ताव पेश हुआ और धर्म की आड़ लेकर उन संगठनों का पक्ष लेने वालों ने स्वयं को बचाना चाहा। वैसे तो यह प्रश्न और कुछ देर दबा रहता, लेकिन इस तरह सामने आ जाने से स्पष्ट बातचीत हो गयी और धर्म की समस्या को हल करने का प्रश्न भी उठा। प्रान्तीय कान्फ्रेंस की विषय समिति में भी मौलाना ज़फ़र अली साहब के पाँच-सात बार खुदा-खुदा करने पर अध्यक्ष पण्डित जवाहरलाल ने कहा कि- "इस मंच पर आकर खुदा-खुदा न कहें। आप धर्म के मिशनरी हैं तो मैं धर्महीनता का प्रचारक हूँ।" बाद में लाहौर में भी इसी विषय पर नौजवान सभा ने एक मीटिंग की। कई भाषण हुए और धर्म के नाम का लाभ उठाने वाले और यह सवाल उठ जाने पर झगड़ा हो जाने से डर जाने वाले कई सज्जनों ने कई तरह की नेक सलाहें दीं।

सबसे ज़रूरी बात जो बार-बार कही गयी और जिस पर श्रीमान भाई अमरसिंह जी झबाल ने विशेष ज़ोर दिया, वह यह थी कि धर्म के सवाल को छेड़ा ही न जाये। बड़ी नेक सलाह है। यदि किसी का धर्म बाहर लोगों की सुख-शान्ति में कोई विघ्न डालता हो तो किसी को भी उसके विरुद्ध आवाज़ उठाने की ज़रूरत हो सकती है? लेकिन सवाल तो यह है कि अब तक का अनुभव क्या बताता है? पिछले आन्दोलन में भी धर्म का यही सवाल उठा और सभी को पूरी आज़ादी दे दी गयी। यहाँ तक कि कांग्रेस के मंच से भी आयतें और मंत्र पढ़े जाने लगे। उन दिनों धर्म में पीछे रहने वाला कोई भी आदमी अच्छा नहीं समझा जाता था। फलस्वरूप संकीर्णता बढ़ने लगी। जो दुष्परिणाम हुआ, वह किससे छिपा है? अब

राष्ट्रवादी या स्वतंत्रता प्रेमी लोग धर्म की असलियत समझ गये हैं और वही उसे अपने रास्ते का रोड़ा समझते हैं।

बात यह है कि क्या धर्म घर में रखते हुए भी, लोगों के दिलों में भेदभाव नहीं बढ़ता? क्या उसका देश के पूर्ण स्वतंत्रता हासिल करने तक पहुँचने में कोई असर नहीं पड़ता? इस समय पूर्ण स्वतंत्रता के उपासक सज्जन धर्म को दिमाग़ी ग़ुलामी का नाम देते हैं। वे यह भी कहते हैं कि बच्चे से यह कहना कि- ईश्वर ही सर्वशक्तिमान है, मनुष्य कुछ भी नहीं, मिट्टी का पुतला है-बच्चे को हमेशा के लिए कमजोर बनाना है। उसके दिल की ताकत और उसके आत्मविश्वास की भावना को ही नष्ट कर देना है। लेकिन इस बात पर बहस न भी करें और सीधे अपने सामने रखे दो प्रश्नों पर ही विचार करें तो हमें नज़र आता है कि ध र्म हमारे रास्ते में एक रोड़ा है। मसलन हम चाहते हैं कि सभी लोग एक-से हों। उनमें पूँजीपतियों के ऊँच-नीच की छूत-अछूत का कोई विभाजन न रहे। लेकिन सनातन धर्म इस भेदभाव के पक्ष में है। बीसवीं सदी में भी पण्डित, मौलवी जी जैसे लोग भंगी के लड़के के हार पहनाने पर कपड़ों सहित स्नान करते हैं और अछूतों को जनेऊ तक देने की इनकारी है। यदि इस धर्म के विरुद्ध कुछ न कहने की कसम ले लें तो चुप कर घर बैठ जाना चाहिये, नहीं तो धर्म का विरोध करना होगा। लोग यह भी कहते हैं कि इन बुराइयों का सुधार किया जाये। बहुत ख़ूब! अछूत को स्वामी दयानन्द ने जो मिटाया तो वे भी चार वर्णों से आगे नहीं जा पाये। भेदभाव तो फिर भी रहा ही। गुरुद्वारे जाकर जो सिख 'राज करेगा खालसा' गायें और बाहर आकर पंचायती राज की बातें करें, तो इसका मतलब क्या है?

धर्म तो यह कहता है कि इस्लाम पर विश्वास न करने वाले को तलवार के घाट उतार देना चाहिये और यदि इधर एकता की दुहाई दी जाये तो परिणाम क्या होगा? हम जानते हैं कि अभी कई और बड़े ऊँचे भाव की आयतें और मंत्र पढ़कर खींचतान करने की कोशिश की जा सकती है, लेकिन सवाल यह है कि इस सारे झगड़े से छुटकारा ही क्यों न पाया जाये? धर्म का पहाड़ तो हमें हमारे सामने खड़ा नज़र आता है। मान लें कि भारत में स्वतंत्रता-संग्राम छिड़ जाये। सेनाएँ आमने-सामने बन्दूकें ताने खड़ी हों, गोली चलने ही वाली हो और यदि उस समय कोई मुहम्मद गौरी की तरह-जैसी कि कहावत बतायी जाती है-आज भी हमारे सामने गायें, सूअर, वेद-कुरान आदि चीजें खड़ी कर दे, तो हम क्या करेंगे? यदि पक्के धार्मिक होंगे तो अपना बोरिया-बिस्तर लपेटकर घर बैठ जायेंगे। धर्म के होते हुए हिन्दू-सिख गाय पर और मुसलमान सूअर पर गोली नहीं चला सकते। धर्म के बड़े पक्के इनसान तो उस समय सोमनाथ के कई हज़ार पण्डों की तरह ठाकुरों के आगे लोटते रहेंगे और दूसरे लोग धर्महीन या अधर्मी-काम कर जायेंगे।

तो हम किस निष्कर्ष पर पहुँचे? धर्म के विरुद्ध सोचना ही पड़ता है। लेकिन यदि धर्म के पक्षवालों के तर्क भी सोचे जायें तो वे यह कहते हैं कि दुनिया में अँधेरा हो जायेगा, पाप पढ़ जायेगा। बहुत अच्छा, इसी बात को ले लें।

रूसी महात्मा टॉल्स्टॉय ने अपनी पुस्तक (Essay and Letters) में धर्म पर बहस करते हुए उसके तीन हिस्से किये हैं–

1. Essentials of Religion– यानी धर्म की ज़रूरी बातें अर्थात् सच बोलना, चोरी न करना, ग़रीबों की सहायता करना, प्यार से रहना वगैरा।
2. Philosophy of Religion– यानी जन्म-मृत्यु, पुनर्जन्म, संसार-रचना आदि का दर्शन। इसमें आदमी अपनी मर्ज़ी के अनुसार सोचने और समझने का यत्न करता है।
3. Rituals of Religion– यानी रस्मों-रिवाज वगैरा। मतलब यह कि पहले हिस्से में सभी धर्म एक हैं। सभी कहते हैं कि सच बोलो, झूठ न बोलो, प्यार से रहो। इन बातों को कुछ सज्जनों ने Individual Religion कहा है। इसमें तो झगड़े का प्रश्न ही नहीं उठता। वरन यह कि ऐसे नेक विचार हर आदमी में होने चाहिये। दूसरा फ़िलासफ़ी का प्रश्न है। असल में कहना पड़ता है कि Philosophy is the out come of Human weakness, यानी फ़िलासफ़ी आदमी की कमजोरी का फल है। जहाँ भी आदमी देख सकते हैं। वहाँ कोई झगड़ा नहीं। जहाँ कुछ नजर न आया, वहीं दिमाग़ लड़ाना शुरू कर दिया और ख़ास-ख़ास निष्कर्ष निकाल लिये। वैसे तो फ़िलासफ़ी बड़ी ज़रूरी चीज़ है, क्योंकि इसके बग़ैर उन्नति नहीं हो सकती, लेकिन इसके साथ-साथ शान्ति होनी भी बड़ी ज़रूरी है। हमारे बुजुर्ग कह गये हैं कि मरने के बाद पुनर्जन्म भी होता है, ईसाई और मुसलमान इस बात को नहीं मानते। बहुत अच्छा, अपना-अपना विचार है। आइये, प्यार के साथ बैठकर बहस करें। एक-दूसरे के विचार जानें। लेकिन 'मसला-ए-तनासुक' पर बहस होती है तो आर्यसमाजियों व मुसलमानों में लाठियाँ चल जाती हैं। बात यह कि दोनों पक्ष दिमाग़ को, बुद्धि को, सोचने-समझने की शक्ति को ताला लगाकर घर रख आते हैं। वे समझते हैं कि वेद भगवान में ईश्वर ने इसी तरह लिखा है और वही सच्चा है। वे कहते हैं कि कुरान शरीफ़ में खुदा ने ऐसे लिखा है और यही सच है। अपने सोचने की शक्ति, (Power of Reasoning) को छुट्टी दी हुई होती है। सो जो फ़िलासफ़ी हर व्यक्ति की निजी राय से अधिक महत्त्व न रखती हो तो एक ख़ास

फ़िलासफ़ी मानने के कारण भिन्न गुट न बनें, तो इसमें क्या शिकायत हो सकती है।

अब आती है तीसरी बात– रस्मों-रिवाज। सरस्वती-पूजावाले दिन, सरस्वती की मूर्ति का जुलूस निकलना ज़रूरी है उसमें आगे-आगे बैण्ड-बाजा बजना भी ज़रूरी है। लेकिन हैरीमन रोड के रास्ते में एक मस्जिद भी आती है। इस्लाम ध र्म कहता है कि मस्जिद के आगे बाजा न बजे। अब क्या होना चाहिये? नागरिक आज़ादी का हक़ (Civil rights of citizen) कहता है कि बाज़ार में बाजा बजाते हुए भी जाया जा सकता है। लेकिन धर्म कहता है कि नहीं। इनके धर्म में गाय का बलिदान ज़रूरी है और दूसरे में गाय की पूजा लिखी हुई है। अब क्या हो? पीपल की शाखा कटते ही धर्म में अन्तर आ जाता है तो क्या किया जाये? तो यही फिलासफी व रस्मों-रिवाज के छोटे-छोटे भेद बाद में जाकर (National Religion) बन जाते हैं और अलग-अलग संगठन बनने के कारण बनते हैं। परिणाम हमारे सामने है।

सो यदि धर्म पीछे लिखी तीसरी और दूसरी बात के साथ अन्धविश्वास को मिलाने का नाम है, तो धर्म की कोई ज़रूरत नहीं। इसे आज ही उड़ा देना चाहिये। यदि पहली और दूसरी बात में स्वतंत्र विचार मिलाकर धर्म बनता हो, तो धर्म मुबारक है।

लेकिन अगल-अलग संगठन और खाने-पीने का भेदभाव मिटाना ज़रूरी है। छूत-अछूत शब्दों को जड़ से निकालना होगा। जब तक हम अपनी तंगदिली छोड़कर एक न होंगे, तब तक हमें वास्तविक एकता नहीं हो सकती। इसलिए ऊपर लिखी बातों के अनुसार चलकर ही हम आज़ादी की ओर बढ़ सकते हैं। हमारी आज़ादी का अर्थ केवल अंग्रेज़ी चंगुल से छुटकारा पाने का नाम नहीं, वह पूर्ण स्वतंत्रता का नाम है- जब लोग परस्पर घुल-मिलकर रहेंगे और दिमाग़ी ग़ुलामी से भी आज़ाद हो जायेंगे।

साम्प्रदायिक दंगे और उनका इलाज (जून 1928)

[1919 के जलियाँवाला बाग हत्याकाण्ड के बाद ब्रिटिश सरकार ने साम्प्रदायिक दंगों का ख़ूब प्रचार शुरू किया। इसके असर से 1924 में कोहाट में बहुत ही अमानवीय ढंग से हिन्दू-मुस्लिम दंगे हुए। इसके बाद राष्ट्रीय राजनीतिक चेतना में साम्प्रदायिक दंगों पर लम्बी बहस चली। इन्हें समाप्त करने की ज़रूरत तो सबने महसूस की, लेकिन कांग्रेसी नेताओं ने हिन्दू-मुस्लिम नेताओं में सुलहनामा लिखाकर दंगों को रोकने के यत्न किये। इस समस्या के निश्चित हल के लिए क्रान्तिकारी आन्दोलन ने अपने विचार प्रस्तुत किये। प्रस्तुत लेख जून, 1928 के 'किरती' में छपा। यह लेख इस समस्या पर शहीद भगतसिंह और उनके साथियों के विचारों का सार है।]

भारत वर्ष की दशा इस समय बड़ी दयनीय है। एक धर्म के अनुयायी दूसरे धर्म के अनुयायियों के जानी दुश्मन हैं। अब तो एक धर्म का होना ही दूसरे धर्म का कट्टर शत्रु होना है। यदि इस बात का अभी यक़ीन न हो तो लाहौर के ताजा दंगे ही देख लें। किस प्रकार मुसलमानों ने निर्दोष सिखों, हिन्दुओं को मारा है और किस प्रकार सिखों ने भी वश चलते कोई कसर नहीं छोड़ी है। यह मार-काट इसलिए नहीं की गयी कि फलाँ आदमी दोषी है, वरन इसलिए कि फलाँ आदमी हिन्दू है या सिख है या मुसलमान है। बस किसी व्यक्ति का सिख या हिन्दू होना मुसलमानों द्वारा मारे जाने के लिए काफ़ी था और इसी तरह किसी व्यक्ति का मुसलमान होना ही उसकी जान लेने के लिए पर्याप्त तर्क था। जब स्थिति ऐसी हो तो हिन्दुस्तान का ईश्वर ही मालिक है।

ऐसी स्थिति में हिन्दुस्तान का भविष्य बहुत अन्धकारमय नज़र आता है। इन 'धर्मों' ने हिन्दुस्तान का बेड़ा गर्क कर दिया है। और अभी पता नहीं कि यह धार्मिक दंगे भारतवर्ष का पीछा कब छोड़ेंगे। इन दंगों ने संसार की नज़रों में भारत को बदनाम कर दिया है। और हमने देखा है कि इस अन्धविश्वास के बहाव में सभी बह जाते हैं। कोई बिरला ही हिन्दू, मुसलमान या सिख होता है, जो अपना दिमाग ठण्डा रखता है, बाक़ी सब के सब धर्म के यह नामलेवा अपने नामलेवा

धर्म के रौब को क़ायम रखने के लिए डण्डे लाठियाँ, तलवारें-छुरें हाथ में पकड़ लेते हैं और आपस में सर-फोड़-फोड़कर मर जाते हैं। बाक़ी कुछ तो फाँसी चढ़ जाते हैं और कुछ जेलों में फेंक दिये जाते हैं। इतना रक्तपात होने पर इन 'ध र्मजनों' पर अंग्रेज़ी सरकार का डण्डा बरसता है और फिर इनके दिमाग़ का कीड़ा ठिकाने आ जाता है।

यहाँ तक देखा गया है, इन दंगों के पीछे साम्प्रदायिक नेताओं और अख़बारों का हाथ है। इस समय हिन्दुस्तान के नेताओं ने ऐसी लीद की है कि चुप ही भली। वही नेता जिन्होंने भारत को स्वतन्त्र कराने का बीड़ा अपने सिरों पर उठाया हुआ था और जो 'समान राष्ट्रीयता' और 'स्वराज्य-स्वराज्य' के दमगजे मारते नहीं थकते थे, वही या तो अपने सिर छिपाये चुपचाप बैठे हैं या इसी धर्मान्धता के बहाव में बह चले हैं। सिर छिपाकर बैठने वालों की संख्या भी क्या कम है? लेकिन ऐसे नेता जो साम्प्रदायिक आन्दोलन में जा मिले हैं, ज़मीन खोदने से सैकड़ों निकल आते हैं। जो नेता हृदय से सबका भला चाहते हैं, ऐसे बहुत ही कम हैं। और साम्प्रदायिकता की ऐसी प्रबल बाढ़ आयी हुई है कि वे भी इसे रोक नहीं पा रहे। ऐसा लग रहा है कि भारत में नेतृत्व का दिवाला पिट गया है।

दूसरे सज्जन जो साम्प्रदायिक दंगों को भड़काने में विशेष हिस्सा लेते रहे हैं, अख़बार वाले हैं। पत्रकारिता का व्यवसाय, किसी समय बहुत ऊँचा समझा जाता था। आज बहुत ही गन्दा हो गया है। यह लोग एक-दूसरे के विरुद्ध बड़े मोटे-मोटे शीर्षक देकर लोगों की भावनाएँ भड़काते हैं और परस्पर सिर फुटौव्वल करवाते हैं। एक-दो जगह ही नहीं, कितनी ही जगहों पर इसलिए दंगे हुए हैं कि स्थानीय अख़बारों ने बड़े उत्तेजनापूर्ण लेख लिखे हैं। ऐसे लेखक बहुत कम है जिनका दिल व दिमाग़ ऐसे दिनों में भी शान्त रहा हो।

अख़बारों का असली कर्तव्य शिक्षा देना, लोगों से संकीर्णता निकालना, साम्प्रदायिक भावनाएँ हटाना, परस्पर मेल-मिलाप बढ़ाना और भारत की साझी राष्ट्रीयता बनाना था लेकिन इन्होंने अपना मुख्य कर्तव्य अज्ञान फैलाना, संकीर्णता का प्रचार करना, साम्प्रदायिक बनाना, लड़ाई-झगड़े करवाना और भारत की साझी राष्ट्रीयता को नष्ट करना बना लिया है। यही कारण है कि भारतवर्ष की वर्तमान दशा पर विचार कर आँखों से रक्त के आँसू बहने लगते हैं और दिल में सवाल उठता है कि 'भारत का बनेगा क्या?'

जो लोग असहयोग के दिनों के जोश व उभार को जानते हैं, उन्हें यह स्थिति देख रोना आता है। कहाँ थे वे दिन कि स्वतन्त्रता की झलक सामने दिखाई देती थी और कहाँ आज यह दिन कि स्वराज्य एक सपना मात्र बन गया है। बस यही तीसरा लाभ है, जो इन दंगों से अत्याचारियों को मिला है। जिसके अस्तित्व को

ख़तरा पैदा हो गया था, कि आज गयी, कल गयी वही नौकरशाही आज अपनी जड़ें इतनी मजबूत कर चुकी हैं कि उसे हिलाना कोई मामूली काम नहीं है।

यदि इन साम्प्रदायिक दंगों की जड़ खोजें तो हमें इसका कारण आर्थिक ही जान पड़ता है। असहयोग के दिनों में नेताओं व पत्रकारों ने ढेरों कुर्बानियाँ दीं। उनकी आर्थिक दशा बिगड़ गयी थी। असहयोग आन्दोलन के धीमा पड़ने पर नेताओं पर अविश्वास-सा हो गया जिससे आजकल के बहुत से साम्प्रदायिक नेताओं के धन्धे चौपट हो गये। विश्व में जो भी काम होता है, उसकी तह में पेट का सवाल ज़रूर होता है। कार्ल मार्क्स के तीन बड़े सिद्धान्तों में से यह एक मुख्य सिद्धान्त है। इसी सिद्धान्त के कारण ही तबलीग, तनकीम, शुद्धि आदि संगठन शुरू हुए और इसी कारण से आज हमारी ऐसी दुर्दशा हुई, जो अवर्णनीय है।

बस, सभी दंगों का इलाज यदि कोई हो सकता है तो वह भारत की आर्थिक दशा में सुधार से ही हो सकता है दरअसल भारत के आम लोगों की आर्थिक दशा इतनी ख़राब है कि एक व्यक्ति दूसरे को चवन्नी देकर किसी और को अपमानित करवा सकता है। भूख और दुख से आतुर होकर मनुष्य सभी सिद्धान्त ताक पर रख देता है। सच है, मरता क्या न करता। लेकिन वर्तमान स्थिति में आर्थिक सुधार होना अत्यन्त कठिन है क्योंकि सरकार विदेशी है और लोगों की स्थिति को सुध रने नहीं देती। इसीलिए लोगों को हाथ धोकर इसके पीछे पड़ जाना चाहिये और जब तक सरकार बदल न जाये, चैन की साँस न लेना चाहिए।

लोगों को परस्पर लड़ने से रोकने के लिए वर्ग-चेतना की ज़रूरत है। ग़रीब, मेहनतकशों व किसानों को स्पष्ट समझा देना चाहिए कि तुम्हारे असली दुश्मन पूँजीपति हैं। इसलिए तुम्हें इनके हथकंडों से बचकर रहना चाहिए और इनके हत्थे चढ़ कुछ न करना चाहिए। संसार के सभी ग़रीबों के, चाहे वे किसी भी जाति, रंग, धर्म या राष्ट्र के हों, अधिकार एक ही हैं। तुम्हारी भलाई इसी में है कि तुम धर्म, रंग, नस्ल और राष्ट्रीयता व देश के भेदभाव मिटाकर एकजुट हो जाओ और सरकार की ताकत अपने हाथों में लेने का प्रयत्न करो। इन यत्नों से तुम्हारा नुकसान कुछ नहीं होगा, इससे किसी दिन तुम्हारी जंजीरें कट जायेंगी और तुम्हें आर्थिक स्वतन्त्रता मिलेगी।

जो लोग रूस का इतिहास जानते हैं, उन्हें मालूम है कि जार के समय वहाँ भी ऐसी ही स्थितियाँ थीं वहाँ भी कितने ही समुदाय थे जो परस्पर जूत-पतांग करते रहते थे। लेकिन जिस दिन से वहाँ श्रमिक-शासन हुआ है, वहाँ नक्शा ही बदल गया है। अब वहाँ कभी दंगे नहीं हुए। अब वहाँ सभी को 'इनसान' समझा जाता है, 'धर्मजन' नहीं। जार के समय लोगों की आर्थिक दशा बहुत ही ख़राब थी। इसलिए सब दंगे-फ़साद होते थे। लेकिन अब रूसियों की आर्थिक दशा सुधर

गयी है और उनमें वर्ग-चेतना आ गयी है इसलिए अब वहाँ से कभी किसी दंगे की ख़बर नहीं आयी।

इन दंगों में वैसे तो बड़े निराशाजनक समाचार सुनने में आते हैं, लेकिन कलकत्ते के दंगों में एक बात बहुत ख़ुशी की सुनने में आयी। वह यह कि वहाँ दंगों में ट्रेड यूनियन के मजदूरों ने हिस्सा नहीं लिया और न ही वे परस्पर गुत्थमगुत्था ही हुए, वरन् सभी हिन्दू-मुसलमान बड़े प्रेम से कारखानों आदि में उठते-बैठते और दंगे रोकने के भी यत्न करते रहे। यह इसलिए कि उनमें वर्ग-चेतना थी और वे अपने वर्गहित को अच्छी तरह पहचानते थे। वर्गचेतना का यही सुन्दर रास्ता है, जो साम्प्रदायिक दंगे रोक सकता है।

यह ख़ुशी का समाचार हमारे कानों को मिला है कि भारत के नवयुवक अब वैसे धर्मों से जो परस्पर लड़ाना व घृणा करना सिखाते हैं, तंग आकर हाथ धो रहे हैं। उनमें इतना खुलापन आ गया है कि वे भारत के लोगों को धर्म की नज़र से-हिन्दू, मुसलमान या सिख रूप में नहीं, वरन् सभी को पहले इनसान समझते हैं, फिर भारतवासी। भारत के युवकों में इन विचारों के पैदा होने से पता चलता है कि भारत का भविष्य सुनहला है। भारतवासियों को इन दंगों आदि को देखकर घबराना नहीं चाहिए। उन्हें यत्न करना चाहिए कि ऐसा वातावरण ही न बने, और दंगे हों ही नहीं।

1914-15 के शहीदों ने धर्म को राजनीति से अलग कर दिया था। वे समझते थे कि धर्म व्यक्ति का व्यक्तिगत मामला है इसमें दूसरे का कोई दख़ल नहीं। न ही इसे राजनीति में घुसाना चाहिए क्योंकि यह सरबत को मिलकर एक जगह काम नहीं करने देता। इसलिए ग़दर पार्टी जैसे आन्दोलन एकजुट व एकजान रहे, जिसमें सिख बढ़-चढ़कर फाँसियों पर चढ़े और हिन्दू मुसलमान भी पीछे नहीं रहे।

इस समय कुछ भारतीय नेता भी मैदान में उतरे हैं जो धर्म को राजनीति से अलग करना चाहते हैं। झगड़ा मिटाने का यह भी एक सुन्दर इलाज है और हम इसका समर्थन करते हैं।

यदि धर्म को अलग कर दिया जाये तो राजनीति पर हम सभी इकट्ठे हो सकते है। धर्मों में हम चाहे अलग-अलग ही रहें।

हमारा ख़याल है कि भारत के सच्चे हमदर्द हमारे बताये इलाज पर ज़रूर विचार करेंगे और भारत का इस समय जो आत्मघात हो रहा है, उससे हमें बचा लेंगे।

नये नेताओं के अलग-अलग विचार
(जुलाई 1928)

[जुलाई, 1928 के 'किरती' में छपे इस लेख में भगतसिंह ने सुभाषचन्द्र बोस और जवाहरलाल नेहरू के विचारों की तुलना की है।]

असहयोग आन्दोलन की असफलता के बाद जनता में बहुत निराशा और मायूसी फैली। हिन्दू-मुस्लिम झगड़ों ने बचा-खुचा साहस भी खत्म कर डाला। लेकिन देश में जब एक बार जागृति फैल जाए तब देश ज़्यादा दिन तक सोया नहीं रह सकता। कुछ ही दिनों बाद जनता बहुत जोश के साथ उठती तथा हमला बोलती है। आज हिन्दुस्तान में फिर जान आ गई है। हिन्दुस्तान फिर जाग रहा है। देखने में तो कोई बड़ा जन-आन्दोलन नज़र नहीं आता लेकिन नींव ज़रूर मज़बूत की जा रही है। आधुनिक विचारों के अनेक नए नेता सामने आ रहे हैं। इस बार नौजवान नेता ही देशभक्त लोगों की नज़रों में आ रहे हैं। बड़े-बड़े नेता बड़े होने के बावजूद एक तरह से पीछे छोड़े जा रहे हैं। इस समय जो नेता आगे आए हैं वे हैं- बंगाल के पूजनीय श्री सुभाषचन्द्र बोस और माननीय पण्डित श्री जवाहरलाल नेहरू। यही दो नेता हिन्दुस्तान में उभरते नजर आ रहे हैं और युवाओं के आन्दोलनों में विशेष रूप से भाग ले रहे हैं। दोनों ही हिन्दुस्तान की आज़ादी के कट्टर समर्थक हैं। दोनों ही समझदार और सच्चे देशभक्त हैं। लेकिन फिर भी इनके विचारों में ज़मीन-आसमान का अन्तर है। एक को भारत की प्राचीन संस्कृति का उपासक कहा जाता है तो दूसरे को पक्का पश्चिम का शिष्य। एक को कोमल हृदय वाला भावुक कहा जाता है और दूसरे को पक्का युगान्तरकारी। हम इस लेख में उनके अलग-अलग विचारों को जनता के समक्ष रखेंगे, ताकि जनता स्वयं उनके अन्तर को समझ सके और स्वयं भी विचार कर सके। लेकिन उन दोनों के विचारों का उल्लेख करने से पूर्व एक और व्यक्ति का उल्लेख करना भी ज़रूरी है, जो इन्हीं स्वतन्त्रता के प्रेमी हैं और युवा आन्दोलनों की एक विशेष शख़्सियत हैं।

साधू वासवानी चाहे कांग्रेस के बड़े नेताओं की भाँति जाने माने तो नहीं, चाहे देश के राजनीतिक क्षेत्र में उनका कोई विशेष स्थान तो नहीं, तो भी युवाओं पर,

जिन्हें कि कल देश की बागडोर संभालनी है, उनका असर है और उनके ही द्वारा शुरू हुआ आन्दोलन 'भारत युवा संघ' इस समय युवाओं में विशेष प्रभाव रखता है। उनके विचार बिलकुल अलग ढंग के हैं। उनके विचार एक ही शब्द में बताए जा सकते हैं– "वापस वेदों की ओर लौट चलो।" (बैक टू वेदस)। यह आवाज सबसे पहले आर्यसमाज ने उठाई थी। इस विचार का आधार इस आस्था में है कि वेदों में परमात्मा ने संसार का सारा ज्ञान उड़ेल दिया है। इससे आगे और अधिक विकास नहीं हो सकता। इसलिए हमारे हिन्दुस्तान ने चौतरफा जो प्रगति कर ली थी उससे आगे न दुनिया बढ़ी है और न बढ़ सकती है। ख़ैर, वासवानी आदि इसी अवस्था को मानते हैं। तभी एक जगह कहते हैं–

"हमारी राजनीति ने अब तक कभी तो मैजिनी और वाल्टेयर को अपना आदर्श मानकर उदाहरण स्थापित किए हैं और या कभी लेनिन और टॉल्स्टॉय से सबक सीखा। हालांकि उन्हें ज्ञात होना चाहिए कि उनके पास उनसे कहीं बड़े आदर्श हमारे पुराने ऋषि हैं।" वे इस बात पर यकीन करते हैं कि हमारा देश एक बार तो विकास की अन्तिम सीमा तक जा चुका था और आज हमें आगे कहीं भी जाने की आवश्यकता नहीं, बल्कि पीछे लौटने की ज़रूरत है।

आप एक कवि हैं। कवित्व आपके विचारों में सभी जगह नज़र आता है। साथ ही यह धर्म के बहुत बड़े उपासक हैं। यह 'शक्ति' धर्म चलाना चाहते हैं। यह कहते हैं, "इस समय हमें शक्ति की अत्यन्त आवश्यकता है।" वह 'शक्ति' शब्द का अर्थ केवल भारत के लिए इस्तेमाल नहीं करते। लेकिन उनको इस शब्द से एक प्रकार की देवी का, एक विशेष ईश्वरीय प्राप्ति का विश्वास है। वे एक बहुत भावुक कवि की तरह कहते हैं–

"For in solitude have communicated with her, our admired Bharat Mata, And my aching head has heard voices saying... The day of freedom is not far off." ..Sometimes indeed a strange feeling visits me and I say to myself– Holy, holy is Hindustan. For still is she under the protection of her mighty Rishis and their beauty is around us, but we behold it not.

अर्थात् एकान्त में भारत की आवाज़ मैंने सुनी है। मेरे दुखी मन ने कई बार यह आवाज़ सुनी है कि 'आज़ादी का दिन दूर नहीं'...कभी कभी बहुत अजीब विचार मेरे मन में आते हैं और मैं कह उठता हूँ– हमारा हिन्दुस्तान पाक और पवित्र है, क्योंकि पुराने ऋषि उसकी रक्षा कर रहे हैं और उनकी ख़ूबसूरती हिन्दुस्तान के पास है। लेकिन हम उन्हें देख नहीं सकते।

यह कवि का विलाप है कि वह पागलों या दीवानों की तरह कहते रहे हैं–

"हमारी माता बड़ी महान है। बहुत शक्तिशाली है। उसे परास्त करने वाला कौन पैदा हुआ है।" इस तरह वे केवल मात्र भावुकता की बातें करते हुए कह जाते हैं– "Our national movement must become a purifying mass movement, if it is to fulfil its destiny without falling into clasaa war one of the dangers of Bolshevism-"

अर्थात् हमें अपने राष्ट्रीय जन आन्दोलन को देश सुधार का आन्दोलन बना देना चाहिए। तभी हम वर्गयुद्ध के बोल्शेविज्म के ख़तरों से बच सकेंगे। वह इतना कहकर ही कि ग़रीबों के पास जाओ, गाँवों की ओर जाओ, उनको दवा-दारू मुफ़्त दो– समझते हैं कि हमारा कार्यक्रम पूरा हो गया। वे छायावादी कवि हैं। उनकी कविता का कोई विशेष अर्थ तो नहीं निकल सकता, मात्र दिल का उत्साह बढ़ाया जा सकता है। बस पुरातन सभ्यता के शोर के अलावा उनके पास कोई कार्यक्रम नहीं। युवाओं के दिमाग़ों को वे कुछ नया नहीं देते। केवल दिल को भावुकता से ही भरना चाहते हैं।

उनका युवाओं में बहुत असर है। और भी पैदा हो रहा है। उनके दकियानूसी और संक्षिप्त-से विचार यही हैं जो कि हमने ऊपर बताए हैं। उनके विचारों का राजनीतिक क्षेत्र में सीधा असर न होने के बावजूद बहुत असर पड़ता है। विशेषकर इस कारण कि नौजवानों, युवाओं को ही कल आगे बढ़ना है और उन्हीं के बीच इन विचारों का प्रचार किया जा रहा है।

अब हम श्री सुभाषचन्द्र बोस और श्री जवाहरलाल नेहरू के विचारों पर आ रहे हैं। दो-तीन महीनों से आप बहुत-सी कान्फ्रेंसों के अध्यक्ष बनाए गए और आपने अपने-अपने विचार लोगों के सामने रखे। सुभाष बाबू को सरकार तख़्तापलट गिरोह का सदस्य समझती है और इसीलिए उन्हें बंगाल अध्यादेश के अन्तर्गत क़ैद कर रखा था। आप रिहा हुए और गर्म दल के नेता बनाए गए। आप भारत का आदर्श पूर्ण स्वराज्य मानते हैं, और महाराष्ट्र कान्फ्रेंस में अध्यक्षीय भाषण में अपने इसी प्रस्ताव का प्रचार किया।

पण्डित जवाहरलाल नेहरू स्वराज पार्टी के नेता मोतीलाल नेहरू ही के सुपुत्र हैं। बैरिस्टरी पास हैं। आप बहुत विद्वान हैं। आप रूस आदि का दौरा कर आए हैं। आप भी गर्म दल के नेता हैं और मद्रास कान्फ्रेंस में आपके और आपके साथियों के प्रयासों से ही पूर्ण स्वराज का प्रस्ताव स्वीकृत हो सका था। आपने अमृतसर कान्फ्रेंस के भाषण में भी इसी बात पर ज़ोर दिया। लेकिन फिर भी इन दोनों सज्जनों के विचारों में जमीन-आसमान का अन्तर है। अमृतसर और महाराष्ट्र कान्फ्रेंसों के इन दोनों अध्यक्षों के भाषण पढ़कर ही हमें इनके विचारों का अन्तर स्पष्ट हुआ था। लेकिन बाद में बम्बई के एक भाषण में यह

बात स्पष्ट रूप से हमारे सामने आ गई। पण्डित जवाहरलाल नेहरू इस जनसभा की अध्यक्षता कर रहे थे और सुभाषचन्द्र बोस ने भाषण दिया। वह एक बहुत भावुक बंगाली हैं। उन्होंने भाषण आरंभ किया कि हिन्दुस्तान का दुनिया के नाम एक विशेष सन्देश है। वह दुनिया को आध्यात्मिक शिक्षा देगा। ख़ैर, आगे वे दीवाने की तरह कहना आरम्भ कर देते हैं– चाँदनी रात में ताजमहल को देखो और जिस दिल की यह सूझ का परिणाम था, उसकी महानता की कल्पना करो। सोचो एक बंगाली उपन्यासकार ने लिखा है कि हममें यह हमारे आँसू ही जमकर पत्थर बन गए हैं। वह भी वापस वेदों की ओर ही लौट चलने का आह्वान करते हैं। आपने अपने पूना वाले भाषण में 'राष्ट्रवादिता' के सम्बन्ध में कहा है कि अन्तर्राष्ट्रीयतावादी, राष्ट्रीयतावाद को एक संकीर्ण दायरे वाली विचारधारा बताते हैं, लेकिन यह भूल है। हिन्दुस्तानी राष्ट्रीयता का विचार ऐसा नहीं है। वह न संकीर्ण है, न निजी स्वार्थ से प्रेरित है और न उत्पीड़नकारी है, क्योंकि इसकी जड़ या मूल तो 'सत्यम् शिवम् सुन्दरम्' है अर्थात् सच, कल्याण ाकारी और सुन्दर।

यह भी वही छायावाद है। कोरी भावुकता है। साथ ही उन्हें भी अपने पुरातन युग पर बहुत विश्वास है। वह प्रत्येक बात में अपने पुरातन युग की महानता देखते हैं। पंचायती राज का ढंग उनके विचार में कोई नया नहीं। 'पंचायती राज और जनता के राज' वे कहते हैं कि हिन्दुस्तान में बहुत पुराना है। वे तो यहाँ तक कहते हैं कि साम्यवाद भी हिन्दुस्तान के लिए नई चीज़ नहीं है। ख़ैर, उन्होंने सबसे ज़्यादा उस दिन के भाषण में ज़ोर किस बात पर दिया था कि हिन्दुस्तान का दुनिया के लिए एक विशेष सन्देश है। पण्डित जवाहरलाल आदि के विचार इसके बिलकुल विपरीत हैं। वे कहते हैं–

"जिस देश में जाओ वही समझता है कि उसका दुनिया के लिए एक विशेष सन्देश है। इंग्लैंड दुनिया को संस्कृति सिखाने का ठेकेदार बनता है। मैं तो कोई विशेष बात अपने देश के पास नहीं देखता। सुभाष बाबू को उन बातों पर बहुत यक़ीन है।" जवाहरलाल कहते हैं–

"Every youth must rebel. Not only in political sphere, but in social, economic and religious spheres also. I have not much use for any man who comes and tells me that such and such thing is said in Koran, Every thing unreasonable must be discarded even if they find authority for in the Vedas and Koran."

यानी "प्रत्येक नौजवान को विद्रोह करना चाहिए। राजनीतिक क्षेत्र में ही नहीं बल्कि सामाजिक, आर्थिक और धार्मिक क्षेत्र में भी। मुझे ऐसे व्यक्ति की कोई

आवश्यकता नहीं जो आकर कहे कि फलाँ बात कुरान में लिखी हुई है। कोई बात जो अपनी समझदारी की परख में सही साबित न हो उसे चाहे वेद और कुरान में कितना ही अच्छा क्यों न कहा गया हो, नहीं माननी चाहिए।"

यह एक युगान्तरकारी के विचार हैं और सुभाष के एक राज-परिवर्तनकारी के विचार हैं। एक के विचार में हमारी पुरानी चीज़ें बहुत अच्छी हैं और दूसरे के विचार में उनके विरुद्ध विद्रोह कर दिया जाना चाहिए। एक को भावुक कहा जाता है और एक को युगान्तरकारी और विद्रोही। पण्डित जी एक स्थान पर कहते हैं–

"To those who still fondly cherish old ideas and are striving to bring back the conditions which prevailed in Arabia 1300 years ago or in the Vedic age in India. I say, that it is inconceivable that you can bring back the hoary past. The world of reality will not retrace its steps, the world of imaginations may remain stationary."

वे कहते हैं कि जो अब भी कुरान के जमाने के अर्थात् 1300 बरस पीछे के अरब की स्थितियाँ पैदा करना चाहते हैं, जो पीछे वेदों के जमाने की ओर देख रहे हैं उनसे मेरा यह कहना है कि यह तो सोचा भी नहीं जा सकता कि वह युग वापस लौट आएगा, वास्तविक दुनिया पीछे नहीं लौट सकती, काल्पनिक दुनिया को चाहे कुछ दिन यहीं स्थिर रखो। और इसीलिए वे विद्रोह की आवश्यकता महसूस करते हैं।

सुभाष बाबू पूर्ण स्वराज के समर्थन में हैं क्योंकि वे कहते हैं कि अंग्रेज़ पश्चिम के वासी हैं। हम पूर्व के। पण्डित जी कहते हैं, हमें अपना राज कायम करके सारी सामाजिक व्यवस्था बदलनी चाहिए। उसके लिए पूरी-पूरी स्वतन्त्रता प्राप्त करने की आवश्यकता है।

सुभाष बाबू मज़दूरों से सहानुभूति रखते हैं और उनकी स्थिति सुधारना चाहते हैं। पण्डित जी एक क्रांति करके सारी व्यवस्था ही बदल देना चाहते हैं। सुभाष भावुक हैं– दिल के लिए। नौजवानों को बहुत कुछ दे रहे हैं, पर मात्र दिल के लिए। दूसरा युगान्तरकारी है जो कि दिल के साथ-साथ दिमाग़ को भी बहुत कुछ दे रहा है।

"They should aim at Swaraj for the masses based on socialism. That was a revolutionary change with they could not bring out without revolutionary methods...Mere reform or gradual repairing of the existing machinery could not achieve the real proper Swaraj for the General Masses." अर्थात् हमारा

समाजवादी सिद्धान्तों के अनुसार पूर्ण स्वराज होना चाहिए, जो कि युगान्तरकारी तरीकों के बिना प्राप्त नहीं हो सकता। केवल सुधार और मौजूदा सरकार की मशीनरी की धीमी-धीमी की गई मरम्मत जनता के लिए वास्तविक स्वराज्य नहीं ला सकती।

यह उनके विचारों का ठीक-ठाक अक्स है। सुभाष बाबू राष्ट्रीय राजनीति की ओर उतने समय तक ही ध्यान देना आवश्यक समझते हैं जितने समय तक दुनिया की राजनीति में हिन्दुस्तान की रक्षा और विकास का सवाल है। परन्तु पण्डित जी राष्ट्रीयता के संकीर्ण दायरों से निकलकर खुले मैदान में आ गए हैं।

अब सवाल यह है कि हमारे सामने दोनों विचार आ गए हैं। हमें किस ओर झुकना चाहिए। एक पंजाबी समाचार पत्र ने सुभाष की तारीफ़ के पुल बाँधकर पण्डित जी आदि के बारे में कहा था कि ऐसे विद्रोही पत्थरों से सिर मार-मारकर मर जाते हैं। ध्यान रखना चाहिए कि पंजाब पहले ही बहुत भावुक प्रान्त है। लोग जल्द ही जोश में आ जाते हैं और जल्द ही झाग की तरह बैठ जाते हैं।

सुभाष आज शायद दिल को कुछ भोजन देने के अलावा कोई दूसरी मानसिक ख़ुराक नहीं दे रहे हैं। अब आवश्यकता इस बात की है कि पंजाब के नौजवानों को इन युगान्तरकारी विचारों को ख़ूब सोच-विचार कर पक्का कर लेना चाहिए। इस समय पंजाब को मानसिक भोजन की सख़्त ज़रूरत है और यह पण्डित जवाहरलाल नेहरू से ही मिल सकता है। इसका अर्थ यह नहीं है कि उनके अन्धे पैरोकार बन जाना चाहिए। लेकिन जहाँ तक विचारों का सम्बन्ध है, वहाँ तक इस समय पंजाबी नौजवानों को उनके साथ लगना चाहिए, ताकि वे इन्कलाब के वास्तविक अर्थ, हिन्दुस्तान के इन्कलाब की आवश्यकता, दुनिया में इन्कलाब का स्थान क्या है, आदि के बारे में जान सकें। सोच-विचार के साथ नौजवान अपने विचारों को स्थिर करें ताकि निराशा, मायूसी और पराजय के समय में भी भटकाव के शिकार न हों और अकेले खड़े होकर दुनिया से मुकाबले में डटे रह सकें। इसी तरह जनता इन्कलाब के ध्येय को पूरा कर सकती है।

विद्यार्थी और राजनीति (1928)

[इस महत्त्वपूर्ण राजनीतिक मसले पर यह लेख जुलाई, 1928 में 'किरती' में छपा था। उन दिनों अनेक नेता विद्यार्थियों को राजनीति में हिस्सा न लेने की सलाहें देते थे, जिनके जवाब में यह लेख बहुत महत्त्वपूर्ण है। यह लेख सम्पादकीय विचारों में छपा था, और सम्भवत: भगतसिंह का लिखा हुआ है।]

इस बात का बड़ा भारी शोर सुना जा रहा है कि पढ़ने वाले नौजवान (विद्यार्थी) राजनीतिक या पोलिटिकल कामों में हिस्सा न लें। पंजाब सरकार की राय बिलकुल ही न्यारी है। विद्यार्थी से कॉलेज में दाख़िल होने से पहले इस आशय की शर्त पर हस्ताक्षर करवाये जाते हैं कि वे पोलिटिकल कामों में हिस्सा नहीं लेंगे। आगे हमारा दुर्भाग्य कि लोगों की ओर से चुना हुआ मनोहर, जो अब शिक्षा-मंत्री है, स्कूलों-कालेजों के नाम एक सर्कुलर या परिपत्र भेजता है कि कोई पढ़ने या पढ़ानेवाला पालिटिक्स में हिस्सा न ले। कुछ दिन हुए जब लाहौर में स्टूडेंट्स यूनियन या विद्यार्थी सभा की ओर से विद्यार्थी-सप्ताह मनाया जा रहा था। वहाँ भी सर अब्दुल कादर और प्रोफ़ेसर ईश्वरचन्द्र नन्दा ने इस बात पर जोर दिया कि विद्यार्थियों को पोलटिक्स में हिस्सा नहीं लेना चाहिए।

पंजाब को राजनीतिक जीवन में सबसे पिछड़ा हुआ (Politically backward) कहा जाता है। इसका क्या कारण है? क्या पंजाब ने बलिदान कम किये हैं? क्या पंजाब ने मुसीबतें कम झेली है? फिर क्या कारण है कि हम इस मैदान में सबसे पीछे है? इसका कारण स्पष्ट है कि हमारे शिक्षा विभाग के अधिकारी लोग बिलकुल ही बुद्धू हैं। आज पंजाब कौंसिल की कार्रवाई पढ़कर इस बात का अच्छी तरह पता चलता है कि इसका कारण यह है कि हमारी शिक्षा निकम्मी होती है और फ़िज़ूल होती है, और विद्यार्थी-युवा-जगत अपने देश की बातों में कोई हिस्सा नहीं लेता। उन्हें इस सम्बन्ध में कोई भी ज्ञान नहीं होता। जब वे पढ़कर निकलते है तब उनमें से कुछ ही आगे पढ़ते हैं, लेकिन वे ऐसी कच्ची-कच्ची बातें करते हैं कि सुनकर स्वयं ही अफ़सोस कर बैठ जाने के सिवाय कोई चारा नहीं होता। जिन नौजवानों को कल देश की बागडोर हाथ में लेनी है, उन्हें आज अक्ल के अन्धे बनाने की कोशिश की जा रही है। इससे जो परिणाम निकलेगा

वह हमें खुद ही समझ लेना चाहिए। यह हम मानते हैं कि विद्यार्थियों का मुख्य काम पढ़ाई करना है, उन्हें अपना पूरा ध्यान उस ओर लगा देना चाहिए लेकिन क्या देश की परिस्थितियों का ज्ञान और उनके सुधार सोचने की योग्यता पैदा करना उस शिक्षा में शामिल नहीं? यदि नहीं तो हम उस शिक्षा को भी निकम्मी समझते हैं, जो सिर्फ़ क्लर्की करने के लिए ही हासिल की जाये। ऐसी शिक्षा की ज़रूरत ही क्या है? कुछ ज़्यादा चालाक आदमी यह कहते हैं- "काका तुम पोलिटिक्स के अनुसार पढ़ो और सोचो ज़रूर, लेकिन कोई व्यावहारिक हिस्सा न लो। तुम अधिक योग्य होकर देश के लिए फ़ायदेमन्द साबित होगे।"

बात बड़ी सुन्दर लगती है, लेकिन हम इसे भी रद्द करते हैं, क्योंकि यह भी सिर्फ़ ऊपरी बात है। इस बात से यह स्पष्ट हो जाता है कि एक दिन विद्यार्थी एक पुस्तक 'Appeal to the young', 'Prince Kropotkin' ('नौजवानों के नाम अपील', प्रिंस क्रोपोटकिन) पढ़ रहा था। एक प्रोफ़ेसर साहब कहने लगे, यह कौन-सी पुस्तक है? और यह तो किसी बंगाली का नाम जान पड़ता है! लड़का बोल पड़ा- प्रिंस क्रोपोटकिन का नाम बड़ा प्रसिद्ध है। वे अर्थशास्त्र के विद्वान थे। इस नाम से परिचित होना प्रत्येक प्रोफ़ेसर के लिए बड़ा ज़रूरी था। प्रोफ़ेसर की 'योग्यता' पर लड़का हँस भी पड़ा। और उसने फिर कहा- ये रूसी सज्जन थे। बस! 'रूसी!' कहर टूट पड़ा! प्रोफ़ेसर ने कहा कि "तुम बोल्शेविक हो, क्योंकि तुम पोलिटिकल पुस्तकें पढ़ते हो।"

देखिए आप प्रोफ़ेसर की योग्यता! अब उन बेचारे विद्यार्थियों को उनसे क्या सीखना है? ऐसी स्थिति में वे नौजवान क्या सीख सकते है?

दूसरी बात यह है कि व्यावहारिक राजनीति क्या होती है? महात्मा गाँधी, जवाहरलाल नेहरू और सुभाषचन्द्र बोस का स्वागत करना और भाषण सुनना तो हुई व्यावहारिक राजनीति, पर कमीशन या वायसराय का स्वागत करना क्या हुआ? क्या वो पोलिटिक्स का दूसरा पहलू नहीं? सरकारों और देशों के प्रबन्ध से सम्बन्धित कोई भी बात पोलिटिक्स के मैदान में ही गिनी जायेगी, तो फिर यह भी पोलिटिक्स हुई कि नहीं? कहा जायेगा कि इससे सरकार खुश होती है और दूसरी से नाराज़? फिर सवाल तो सरकार की खुशी या नाराजगी का हुआ। क्या विद्यार्थियों को जन्मते ही खुशामद का पाठ पढ़ाया जाना चाहिए? हम तो समझते हैं कि जब तक हिन्दुस्तान में विदेशी डाकू शासन कर रहे हैं तब तक वफ़ादारी करनेवाले वफ़ादार नहीं, बल्कि गद्दार हैं, इनसान नहीं, पशु हैं, पेट के गुलाम हैं। तो हम किस तरह कहें कि विद्यार्थी वफ़ादारी का पाठ पढ़ें।

सभी मानते हैं कि हिन्दुस्तान को इस समय ऐसे देश-सेवकों की ज़रूरत हैं, जो तन-मन-धन देश पर अर्पित कर दें और पागलों की तरह सारी उम्र देश की

आज़ादी के लिए न्योछावर कर दें। लेकिन क्या बुड्ढों में ऐसे आदमी मिल सकेंगे? क्या परिवार और दुनियादारी के झंझटों में फँसे सयाने लोगों में से ऐसे लोग निकल सकेंगे? यह तो वही नौजवान निकल सकते हैं जो किन्हीं जंजालों में न फँसे हों और जंजालों में पड़ने से पहले विद्यार्थी या नौजवान तभी सोच सकते हैं यदि उन्होंने कुछ व्यावहारिक ज्ञान भी हासिल किया हो। सिर्फ़ गणित और ज्योग्राफ़ी का ही परीक्षा के पर्चों के लिए घोंटा न लगाया हो।

क्या इंग्लैण्ड के सभी विद्यार्थियों का कॉलेज छोड़कर जर्मनी के ख़िलाफ़ लड़ने के लिए निकल पड़ना पोलिटिक्स नहीं थी? तब हमारे उपदेशक कहाँ थे जो उनसे कहते- जाओ, जाकर शिक्षा हासिल करो। आज नेशनल कालेज, अहमदाबाद के जो लड़के सत्याग्रह के बारदोली वालों की सहायता कर रहे हैं, क्या वे ऐसे ही मूर्ख रह जायेंगे? देखते हैं उनकी तुलना में पंजाब का विश्वविद्यालय कितने योग्य आदमी पैदा करता है? सभी देशों को आज़ाद करवाने वाले वहाँ के विद्यार्थी और नौजवान ही हुआ करते हैं। क्या हिन्दुस्तान के नौजवान अलग-अलग रहकर अपना और अपने देश का अस्तित्व बचा पायेंगे? नवजवानों 1919 में विद्यार्थियों पर किये गए अत्याचार भूल नहीं सकते। वे यह भी समझते हैं कि उन्हें क्रान्ति की ज़रूरत है। वे पढ़ें। ज़रूर पढ़े! साथ ही पोलिटिक्स का भी ज्ञान हासिल करें और जब ज़रूरत हो तो मैदान में कूद पड़ें और अपने जीवन को इसी काम में लगा दें। अपने प्राणों को इसी में उत्सर्ग कर दें। वरना बचने का कोई उपाय नज़र नहीं आता।

हिन्दुस्तान सोशलिस्ट रिपब्लिकन एसोसिएशन का घोषणा पत्र (1928)

[लाहौर कांग्रेस में बाँटे गए इस दस्तावेज को मुख्य तौर पर भगवतीचरण वोहरा ने लिखा था। दुर्गा भाभी और अन्य क्रान्तिकारी साथियों ने इसे वहाँ वितरित किया। सी. आई. डी. ने इसे पकड़ लिया था और उसी के काग़ज़ों में इसकी प्रति मिली।]

स्वतंत्रता का पौधा शहीदों के रक्त से फलता है। भारत में स्वतंत्रता का पौधा फलने के लिए दशकों से क्रांतिकारी अपना रक्त बहाते रहे हैं। बहुत कम लोग हैं जो उनके मन में पाले हुए आदर्शों की उच्चता तथा उनके महान बलिदानों पर प्रश्नचिन्ह लगाएं, लेकिन उनकी कार्यवाहियाँ गुप्त होने की वजह से उनके वर्तमान इरादे और नीतियों के बारे में देशवासी अंधेरे में हैं, इसलिए हिन्दुस्तान सोशलिस्ट रिपब्लिकन एसोसिएशन ने यह घोषणापत्र जारी करने की आवश्यकता महसूस की है।

विदेशियों की ग़ुलामी से भारत की मुक्ति के लिए ये एसोसिएशन सशस्त्र संगठन द्वारा भारत में क्रांति के लिए दृढ़ संकल्प है। ग़ुलाम रखे हुए लोगों की ओर से स्पष्ट तौर पर विद्रोह से पूर्व गुप्त प्रचार और गुप्त तैयारियाँ होनी आवश्यक हैं। जब देश क्रान्ति की उस अवस्था में आ जाता है तब विदेशी सरकार के लिए उसे रोकना कठिन हो जाता है। वह कुछ देर तक तो इसके सामने टिक सकती है, लेकिन उसका भविष्य सदा के लिए समाप्त हो चुका होता है। मानवीय स्वाभाव भ्रमपूर्ण और यथास्थितिवादी होने के कारण क्रान्ति से एक प्रकार का भय प्रकट करता है। सामाजिक परिवर्तन सदा ही ताकत और विशेष सुविधाएँ माँगनेवालों के लिए भय पैदा करता है। क्रान्ति एक ऐसा करिश्मा है जिसे प्रकृति स्नेह करती है और जिसके बिना कोई प्रगति नहीं हो सकती– न प्रकृति में न इंसानी कारोबार में। क्रान्ति निश्चय ही बिना सोची-समझी हत्याओं और आगजनी की दरिन्दा मुहिम नहीं है और न ही यहाँ-वहाँ चंद बम फेंकना और गोलियाँ चलाना है; और न ही यह सभ्यता के सारे निशान मिटाने तथा समयोचित न्याय और समता के सिद्धान्त को ख़त्म करना है। क्रान्ति कोई मायूसी से पैदा हुआ दर्शन भी नहीं है और न ही

सरफ़रोशो का कोई सिद्धान्त है। क्रान्ति ईश्वर विरोधी हो सकती है, लेकिन मनुष्य विरोधी नहीं। यह एक पुखता और ज़िंदा ताकत है। नये और पुराने के, जीवन ज़िंदा मौत के, रोशनी और अँधेरे के आन्तरिक द्वंद्व का प्रदर्शन है, कोई संयोग नहीं है। न कोई संगीतमय एकरसता है और न ही कोई ताल है, जो क्रान्ति के बिना आयी हो। 'गोलियों का राग' जिसके बारे में कवि गाते हैं, सच्चाई रहित हो जायेगा अगर क्रान्ति को समूची सृष्टि से ख़त्म कर दिया जाये। क्रान्ति एक नियम है, क्रान्ति एक आदेश है और क्रान्ति एक सत्य है।

हमारे देश के नौजवानों ने इस सत्य को पहचान लिया है। उन्होंने बहुत कठिनाइयाँ सहते हुए यह सबक सीखा है कि क्रांति के बिना अफरा-तफरी, कानूनी गुण्डागर्दी और नफ़रत की जगह, जो आजकल हर ओर फैली हुई है– व्यवस्था, कानूनपरस्ती और प्यार स्थापित नहीं किया जा सकता। हमारी आर्शीवाद-भरी ध रती पर किसी को ऐसा विचार नहीं आना चाहिए कि हमारे नौजवान ग़ैर-ज़िम्मेदार हैं। वे पूरी तरह जानते हैं कि वे कहां खड़े हैं। उनसे बढ़कर किसे मालूम है कि उनकी राह कोई फूलों की सेज नहीं है। समय-समय पर उन्होंने अपने आदर्शों के लिए बहुत बड़ी कीमत चुकाई है। इस कारण यह किसी के मुँह से न्हीं निकलना चाहिए कि नौजवान उतावलेपन में किन्ही मामूली बातों के पीछे लगे हुए हैं।

यह कोई अच्छी बात नहीं है कि हमारे आदर्शों पर कीचड़ उछाला जाता है। यह काफी होगा अगर आप जानें कि हमारे विचार बेहद मज़बूत और तेज-तर्रार हैं जो न सिर्फ़ हमें आगे बढ़ाए रखते हैं बल्कि फाँसी के तख्ते पर भी मुस्कराने की हिम्मत देते हैं।

आजकल यह फैशन हो गया है कि अहिंसा के बारे में अंधाधुंध और निरर्थक बात की जाए। महात्मा गाँधी महान हैं और हम उनके सम्मान पर कोई भी आँच नहीं आने देना चाहते, लेकिन हम यह दृढ़ता से कह सकते हैं कि हम देश को स्वतंत्र कराने के उनके ढंग को पूर्णतया नामंजूर करते हैं। यदि हम देश में चलाए जा रहे उनके असहयोग आंदोलन द्वारा लोक जागृति में उनकी भागीदारी के लिए उनकों सलाम न करें तो यह हमारे लिए बड़ा नाशुक्रापन होगा। परंतु हमारे लिए महात्मा असंभवताओं का एक दार्शनिक हैं। अहिंसा भले ही एक नेक आदर्श है, लेकिन यह अतीत की चीज़ है। जिस स्थिति में आज हम हैं, सिर्फ़ अहिंसा के रास्ते से कभी भी आजादी प्राप्त नहीं कर सकते। दुनिया सिर तक हथियारों से लैस है और (ऐसी) दुनिया हम पर हावी है। अमन की सारी बातें ईमानदार हो सकती हैं, लेकिन हम जो ग़ुलाम क़ौम हैं, हमें झूठे सिद्धांतों के जरिए अपने रास्ते से नहीं भटकना चाहिए। हम पूछते हैं कि जब दुनिया का वातावरण हिंसा की लूट और ग़रीब की लूट से भरा हुआ है, तब देश को अहिंसा के रास्ते पर चलाने का

क्या तुक है? हम अपने पूरे जोर के साथ कहते हैं कि क़ौम के नौजवान कच्ची नींद के ऐसे सपनों से रिझाए नहीं जा सकते।

हम हिंसा में विश्वास रखते हैं– अपने आप में अन्तिम लक्ष्य के रूप में नहीं, बल्कि एक नेक परिणाम तक पहुँचाने के लिए अपनाए गये तौर–तरीके के नाते। अहिंसा के पैरोकार और सावधानी के वकील यह बात तो मानते हैं कि हम अपने यक़ीन पर चलने और उसके लिए कष्ट सहने के लिए तैयार रहते हैं। तो क्या हमें इसीलिए अपने साथियों की साझी माँ की बलिवेदी पर कुर्बानियों की गिनती करानी पड़ेगी? अंग्रेज़ी सरकार की जेलों की चारदीवारी के अन्दर रूह कँपा देने और दिल की धड़कन पकड़ने वाले कई दृश्य खेले जा चुके हैं। हमें हमारी आतंकवादी नीति के कारण कई बार सजाएँ हुई हैं। हमारा जवाब है कि क्रान्तिकारियों का मुद्दा आतंकवाद नहीं होता; तो भी हम यह विश्वास रखते हैं कि आतंकवाद के रास्ते ही क्रान्ति आ जायेगी। पर इसमें कोई शक नहीं है कि क्रान्तिकारी बिलकुल दुरुस्त सोचते हैं कि अंग्रेज़ी सरकार का मुँह मोड़ने के लिए इन तरीकों का इस्तेमाल करना ही कारगर तरीका है। अंग्रेज़ों की सरकार इसलिए चलती है, क्योंकि वे सारे भारत को भयभीत करने में कामयाब हुए हैं। हम इस सरकार दहशत का किस तरह मुकाबला करें? सिर्फ़ क्रान्तिकारियों की ओर से मुकाबले की दहशत ही उनकी दहशत को रोकने में कामयाब हो सकती है। समाज में एक लाचारी की गहरी भावना फैली हुई है। इस ख़तरनाक मायूसी को कैसे दूर किया जाये? सिर्फ़ कुर्बानी की रूह को जगाकर खोये आत्म विश्वास को जगाया जा सकता है। आतंकवाद का एक अन्तर्राष्ट्रीय पहलू भी है। इंग्लैण्ड के काफ़ी शत्रु हैं जो हमारी ताकत के पूर्ण प्रदर्शन से हमारी सहायता करने को तैयार हैं। यह भी एक बड़ा लाभ है।

भारत साम्राज्यावाद के जुए के नीचे पिस रहा है, इसमें करोड़ों लोग आज अज्ञानता और ग़रीबी के शिकार हो रहे हैं। भारत की बहुत बड़ी जनसंख्या जो मजदूरों और किसानों की है, उनको विदेशी दबाव एवं आर्थिक लूट ने पस्त कर दिया है। भारत के मेहनतकश वर्ग की हालत आज बहुत गंभीर है। उसके सामने दोहरा ख़तरा है– विदेशी पूँजीवाद का एक तरफ से और भारतीय पूँजीवाद के धोखे भरे हमले का दूसरी तरफ से ख़तरा है। भारतीय पूँजीवाद विदेशी पूँजी के साथ रोजाना बहुत से गठजोड़ कर रहा है। कुछ राजनैतिक नेताओं का डोमिनयन (प्रभुतासंपन्न) का रूप स्वीकार करना भी हवा को इसी रुख को स्पष्ट करता है।

भारतीय पूँजीपति भारतीय लोगों को धोखा देकर विदेशी पूँजीपति से विश्वासघात की क़ीमत के रूप में सरकार में कुछ हिस्सा प्राप्त करना चाहता है। इसी कारण मेहनतकश की तमाम आशाएँ अब सिर्फ़ समाजवाद पर टिकी हैं

और सिर्फ़ यही पूर्ण स्वराज और सब भेदभाव ख़त्म करने में सहायक हो सकता है। देश का भविष्य नौजवानों के सहारे है। वही धरती के बेटे हैं। उनकी दुख सहने की तत्परता, उनकी बेख़ौफ और लहराती कुर्बानी दर्शाती है कि भारत का भविष्य उनके हाथ में सुरक्षित है। एक अनुभूतिमय घड़ी में देशबन्धु दास ने कहा था, "नौजवान भारत माता की शान एवं आशाएँ। आन्दोलन के पीछे उनकी प्रेरणा है, उनकी कुर्बानी है और उनकी जीत है। आज़ादी की राह पर मशालें लेकर चलनेवाले ये ही हैं। मुक्ति की राह पर ये तीर्थ यात्री हैं।"

भारतीय रिपब्लिक के नौजवानो, नहीं सिपाहियों, कतारबद्ध हो जाओ। आराम के साथ न खड़े रहो और न ही निरर्थक कदमलाल किये जाओं। लम्बी दरिद्रता को, जो तुम्हें नाकारा कर रही है, सदा के लिए उतार फेंको। तुम्हारा बहुत ही नेक मिशन है। देश के हर कोने और हर दिशा में बिखर जाओ और भावी क्रान्ति के लिए, जिसका आना निश्चित है, लोगों को तैयार करो। फ़र्ज़ के बिगुल की आवाज़ सुनो। वैसे ही खाली ज़िन्दगी न गँवाओं। बढ़ो, तुम्हारी ज़िन्दगी का हर पल इस तरह के तरीके और तरतीब ढूँढ़ने में लगना चाहिए, कि कैसे अपनी पुरातन धरती की आँखों में ज्वाला जागे और एक लम्बी अँगड़ाई लेकर जागे। अंग्रेज़ साम्राज्य के ख़िलाफ़ नवयुवकों के उर्वर हृदयों मे एक उकसाहट और नफ़रत भर दो, ऐसे बीज डालो जोकि उगें और बडे वृक्ष बन जायें क्योंकि इन बीजों को तुम अपने गर्म ख़ून के जल से सींचोगे। तब एक भयानक भूचाल आयेगा, जो बड़े धमाके से ग़लत चीज़ों को नष्ट कर देगा और साम्राज्यवाद के महल को कुचलकर धूल में मिला देगा और यह तबाही महान होगी।

तब, और सिर्फ़ तभी, एक भारतीय क़ौम जागेगी, जो अपने गुणों और शान से इन्सानियत को हैरान कर देगीं जब चालाक और बलवान सदा से कमजोर लोगों से हैरान रह जायेंगे। तभी व्यक्तिगत मुक्ति भी सुरक्षित होगी और मेहनतकश की सरदारी और प्रभुसत्ता को सत्कारा जायेगा। हम ऐसी ही क्रान्ति के आने का सन्देश दे रहे हैं। क्रान्ति अमर रहे!

–करतार सिंह

अध्यक्ष

[रिपब्लिकन प्रेस, अरहवन, भारत से प्रकाशित।]

भगतसिंह का पत्र सुखदेव के नाम (अप्रैल 1929)

[भगतसिंह लाहौर के नेशनल कॉलेज के छात्र थे। एक सुंदर-सी लड़की आते जाते उन्हें देखकर मुस्करा देती थी और सिर्फ़ भगतसिंह की वजह से वह भी क्रांतिकारी दल के क़रीब आ गयी। जब असेंबली में बम फेंकने की योजना बन रही थी, तो भगतसिंह को दल की ज़रूरत बताकर साथियों ने उन्हें यह ज़िम्मेदारी सौपने से इंकार कर दिया। भगतसिंह के अंतरंग मित्र सुखदेव ने उन्हें ताना मारा कि तुम मरने से डरते हो और ऐसा उस लड़की की वजह से है। इस आरोप से भगतसिंह का हृदय रो उठा और उन्होंने दोबारा दल की मीटिंग बुलाई और असेंबली में बम फेंकने का ज़िम्मा ज़ोर देकर अपने नाम करवाया। आठ अप्रैल, 1929 को असेंबली में बम फेंकने से पहले सम्भवतः 5 अप्रैल को दिल्ली के सीताराम बाजार के घर में उन्होंने सुखदेव को यह पत्र लिखा था जिसे शिव वर्मा ने उन तक पहुँचाया। यह 13 अप्रैल को सुखदेव के गिरफ़्तारी के वक्त उनके पास से बरामद किया गया और लाहौर षड्यंत्र केस में सबूत के तौर पर पेश किया गया।]

प्रिय भाई,

जैसे ही यह पत्र तुम्हे मिलेगा, मैं जा चुका होऊँगा– दूर एक मंजिल की तरफ। मैं तुम्हें विश्वास दिलाना चाहता हूँ कि आज बहुत ख़ुश हूँ। हमेशा से ज़्यादा। मैं यात्रा के लिए तैयार हूँ, अनेक-अनेक मधुर स्मृतियों के होते और अपने जीवन की सब ख़ुशियों के होते भी, एक बात जो मेरे मन में चुभ रही थी कि मेरे भाई, मेरे अपने भाई ने मुझे गलत समझा और मुझ पर बहुत ही गंभीर आरोप लगाए- कमजोरी का। आज मैं पूरी तरह संतुष्ट हूँ। पहले से कहीं अधिक। आज मैं महसूस करता हूँ कि वह बात कुछ भी नहीं थी, एक ग़लतफ़हमी थी। मेरे खुले व्यवहार को मेरा बातूनीपन समझा गया और मेरी आत्मस्वीकृति को मेरी कमजोरी। मैं कमजोर नहीं हूँ। अपनों में से किसी से भी कमजोर नहीं।

भाई! मैं साफ़ दिल से विदा होऊँगा। क्या तुम भी साफ़ होगे? यह तुम्हारी बड़ी दयालुता होगी, लेकिन ख़याल रखना कि तुम्हें जल्दबाजी में कोई क़दम नहीं उठाना चाहिए। गंभीरता और शांति से तुम्हें काम को आगे बढ़ाना है, जल्दबाजी

में मौका पा लेने का प्रयत्न न करना। जनता के प्रति तुम्हारा कुछ कर्तव्य है, उसे निभाते हुए काम को निरंतर सावधानी से करते रहना।

सलाह के तौर पर मैं कहना चाहूँगा की शास्त्री मुझे पहले से ज़्यादा अच्छे लग रहे हैं। मैं उन्हें मैदान में लाने की कोशिश करूँगा, बशर्ते की वे स्वेच्छा से, और साफ़-साफ़ बात यह है की निश्चित रूप से, एक अँधेरे भविष्य के प्रति समर्पित होने को तैयार हों। उन्हें दूसरे लोगों के साथ मिलने दो और उनके हाव-भाव का अध्ययन होने दो। यदि वे ठीक भावना से अपना काम करेंगे तो उपयोगी और बहुत मूल्यवान सिद्ध होंगे। लेकिन जल्दी न करना। तुम स्वयं अच्छे निर्णायक होगे। जैसी सुविधा हो, वैसी व्यवस्था करना। आओ भाई, अब हम बहुत खुश हो लें।

खुशी के वातावरण में मैं कह सकता हूँ कि जिस प्रश्न पर हमारी बहस है, उसमें अपना पक्ष लिए बिना नहीं रह सकता। मैं पूरे जोर से कहता हूँ कि मैं आशाओं और आकांक्षाओं से भरपूर हूँ और जीवन की आनंदमयी रंगीनियों ओत-प्रोत हूँ, पर आवश्यकता के वक्त सब कुछ कुर्बान कर सकता हूँ और यही वास्तविक बलिदान है। ये चीज़ें कभी मनुष्य के रास्ते में रुकावट नहीं बन सकतीं, बशर्ते कि वह मनुष्य हो। निकट भविष्य में ही तुम्हें प्रत्यक्ष प्रमाण मिल जाएगा।

किसी व्यक्ति के चरित्र के बारे में बातचीत करते हुए एक बात सोचनी चाहिए कि क्या प्यार कभी किसी मनुष्य के लिए सहायक सिद्ध हुआ है? मैं आज इस प्रश्न का उत्तर देता हूँ– हाँ, यह मेजिनी था। तुमने अवश्य ही पढ़ा होगा की अपनी पहली विद्रोही असफलता, मन को कुचल डालने वाली हार, मरे हुए साथियों की याद वह बर्दाश्त नहीं कर सकता था। वह पागल हो जाता या आत्महत्या कर लेता, लेकिन अपनी प्रेमिका के एक ही पत्र से वह, यही नहीं कि किसी एक से मज़बूत हो गया, बल्कि सबसे अधिक मज़बूत हो गया।

जहाँ तक प्यार के नैतिक स्तर का संबंध है, मैं यह कह सकता हूँ कि यह अपने में कुछ नहीं है, सिवाए एक आवेग के, लेकिन यह पाशविक वृत्ति नहीं, एक मानवीय अत्यंत मधुर भावना है। प्यार अपने आप में कभी भी पाशविक वृत्ति नहीं है। प्यार तो हमेशा मनुष्य के चरित्र को ऊपर उठाता है। सच्चा प्यार कभी भी गढ़ा नहीं जा सकता। वह अपने ही मार्ग से आता है, लेकिन कोई नहीं कह सकता कि कब?

हाँ, मैं यह कह सकता हूँ कि एक युवक और एक युवती आपस में प्यार कर सकते हैं और वे अपने प्यार के सहारे अपने आवेगों से ऊपर उठ सकते हैं, अपनी पवित्रता बनाये रख सकते हैं। मैं यहाँ एक बात साफ कर देना चाहता हूँ की जब मैंने कहा था की प्यार इंसानी कमजोरी है, तो यह एक साधारण आदमी के लिए नहीं कहा था, जिस स्तर पर कि आम आदमी होते हैं। वह एक अत्यंत

आदर्श स्थिति है, जहाँ मनुष्य प्यार-घृणा आदि के आवेगों पर काबू पा लेगा, जब मनुष्य अपने कार्यों का आधार आत्मा के निर्देश को बना लेगा, लेकिन आधुनिक समय में यह कोई बुराई नहीं है, बल्कि मनुष्य के लिए अच्छा और लाभदायक है। मैंने एक आदमी के एक आदमी से प्यार की निंदा की है, पर वह भी एक आदर्श स्तर पर। इसके होते हुए भी मनुष्य में प्यार की गहरी भावना होनी चाहिए, जिसे की वह एक ही आदमी में सीमित न कर दे बल्कि विश्वमय रखे।

मैं सोचता हूँ, मैंने अपनी स्थिति अब स्पष्ट कर दी है.एक बात मैं तुम्हे बताना चाहता हूँ की क्रांतिकारी विचारों के होते हुए हम नैतिकता के सम्बन्ध में आर्यसमाजी ढंग की कट्टर धारणा नहीं अपना सकते। हम बढ़-चढ़कर बात कर सकते हैं और इसे आसानी से छिपा सकते हैं, पर असल जिंदगी में हम झट थर-थर काँपना शुरू कर देते हैं।

मैं तुम्हे कहूँगा की यह छोड़ दो। क्या मैं अपने मन में बिना किसी गलत अंदाज के गहरी नम्रता के साथ निवेदन कर सकता हूँ की तुममे जो अति आदर्शवाद है, उसे जरा कम कर दो। और उनकी तरह से तीखे न रहो, जो पीछे रहेंगे और मेरे जैसी बीमारी का शिकार होंगे। उनकी भर्त्सना कर उनके दुखों-तकलीफ़ों को न बढ़ाना। उन्हें तुम्हारी सहानभूति की आवश्यकता है।

क्या मैं यह आशा कर सकता हूँ कि किसी ख़ास व्यक्ति से द्वेष रखे बिना तुम उनके साथ हमदर्दी करोगे, जिन्हें इसकी सबसे अधिक ज़रूरत है? लेकिन तुम तब तक इन बातों को नहीं समझ सकते जब तक तुम स्वयं उस चीज़ का शिकार न बनो। मैं यह सब क्यों लिख रहा हूँ? मैं बिलकुल स्पष्ट होना चाहता था। मैंने अपना दिल साफ़ कर दिया है।

तुम्हारी हर सफलता और प्रसन्न जीवन की कामना सहित,

तुम्हारा भाई

भगतसिंह

असेम्बली हॉल में फेंका गया पर्चा
(अप्रैल 1929)

[8 अप्रैल, सन् 1929 को असेम्बली में बम फेंकने के बाद भगतसिंह और बटुकेश्वर दत्त द्वारा बाँटे गए अंग्रेजी पर्चे का हिन्दी अनुवाद।]

'हिन्दुस्तान समाजवादी प्रजातान्त्रिक सेना'

सूचना

"बहरों को सुनाने के लिए बहुत ऊँची आवाज़ की आवश्यकता होती है," प्रसिद्ध फ्रांसीसी अराजकतावादी शहीद वैलियाँ के यह अमर शब्द हमारे काम के औचित्य के साक्षी हैं।

पिछले दस वर्षों में ब्रिटिश सरकार ने शासन-सुधार के नाम पर इस देश का जो अपमान किया है, उसकी कहानी दोहराने की आवश्यकता नहीं और न ही हिन्दुस्तानी पार्लियामेण्ट पुकारी जानेवाली इस सभा ने भारतीय राष्ट्र के सिर पर पत्थर फेंककर उसका जो अपमान किया है, उसके उदाहरणों को याद दिलाने की आवश्यकता है। यह सब सर्वविदित और स्पष्ट है। आज फिर जब लोग 'साइमन कमीशन' से कुछ सुधारों के टुकड़ों की आशा में आँखें फैलाए हैं और इन टुकड़ों के लोभ में आपस में झगड़ रहे हैं, विदेशी सरकार 'सार्वजनिक सुरक्षा विधेयक' (पब्लिक सेफ्टी बिल) और 'औद्योगिक विवाद विधेयक' (ट्रेड्स डिस्प्यूट्स बिल) के रूप में अपने दमन को और भी कड़ा कर लेने का यत्न कर रही है। इसके साथ ही आनेवाले अधिवेशन में 'अख़बारों द्वारा राजद्रोह रोकने का क़ानून' (प्रेस सैडिशन एक्ट) जनता पर कसने की भी धमकी दी जा रही है। सार्वजनिक काम करनेवाले मज़दूर नेताओं की अंधाधुंध गिरफ़्तारियाँ यह स्पष्ट कर देती हैं कि सरकार किस रवैये पर चल रही है।

राष्ट्रीय दमन और अपमान की इस उत्तेजनापूर्ण परिस्थिति में अपने उत्तरदायित्व की गम्भीरता को महसूस कर 'हिन्दुस्तान समाजवादी प्रजातन्त्र संघ' ने अपनी सेना को यह कदम उठाने की आज्ञा दी है। इस कार्य का प्रयोजन है कि क़ानून का यह अपमानजनक प्रहसन समाप्त कर दिया जाए। विदेशी

शोषक नौकरशाही जो चाहे करे, परन्तु उसकी वैधानिकता की नक़ाब फाड़ देना आवश्यक है।

जनता के प्रतिनिधियों से हमारा आग्रह है कि वे इस पार्लियामेण्ट के पाखण्ड को छोड़ कर अपने-अपने निर्वाचन क्षेत्रों को लौट जाएं और जनता को विदेशी दमन और शोषण के विरुद्ध क्रांति के लिए तैयार करें। हम विदेशी सरकार को यह बतला देना चाहते हैं कि हम 'सार्वजनिक सुरक्षा' और 'औद्योगिक विवाद' के दमनकारी क़ानूनों और लाला लाजपतराय की हत्या के विरोध में देश की जनता की ओर से यह क़दम उठा रहे हैं।

हम मनुष्य के जीवन को पवित्र समझते हैं। हम ऐसे उज्जवल भविष्य में विश्वास रखते हैं जिसमें प्रत्येक व्यक्ति को पूर्ण शान्ति और स्वतन्त्रता का अवसर मिल सके। हम इनसान का ख़ून बहाने की अपनी विवशता पर दुखी हैं। परन्तु क्रांति द्वारा सबको समान स्वतन्त्रता देने और मनुष्य द्वारा मनुष्य के शोषण को समाप्त कर देने के लिए क्रांति में कुछ-न-कुछ रक्तपात अनिवार्य है।

इन्कलाब ज़िन्दाबाद!

ह. बलराज

कमाण्डर इन चीफ

बम काण्ड पर सेशन कोर्ट में बयान (जून, 1929)

[भगतसिंह और बटुकेश्वर दत्त द्वारा असेम्बली में बम फेंकने के बाद, 6 जून, 1929 को दिल्ली के सेशन जज मि. लियोनार्ड मिडिल्टन की अदालत में दिया गया ऐतिहासिक बयान।]

हमारे ऊपर गम्भीर आरोप लगाये गये हैं। इसलिए यह आवश्यक है कि हम भी अपनी सफाई में कुछ शब्द कहें। हमारे कथित अपराध के सम्बन्ध में निम्नलिखित प्रश्न उठते हैं:

1. क्या वास्तव में असेम्बली में बम फेंके गये थे, यदि हाँ तो क्यों?
2. नीचे की अदालत में हमारे ऊपर जो आरोप लगाये गये हैं, वे सही हैं या गलत?

पहले प्रश्न के पहले भाग के लिए हमारा उत्तर स्वीकारात्मक है, लेकिन तथाकथित चश्मदीद गवाहों ने इस मामले में जो गवाही दी है वह सरासर झूठ है। चूँकि हम बम फेंकने से इनकार नहीं कर रहे हैं इसलिए यहाँ इन गवाहों के बयानों की सच्चाई की परख भी हो जानी चाहिए। उदाहरण के लिए, हम यहाँ बता देना चाहते हैं कि सार्जेण्ट टेरी का यह कहना कि उन्होंने हममें से एक के पास से पिस्तौल बरामद की, एक सफ़ेद झूठ मात्रा है, क्योंकि जब हमने अपने आपको पुलिस के हाथों में सौंपा तो हममें से किसी के पास कोई पिस्तौल न थी। जिन गवाहों ने कहा है कि उन्होंने हमें बम फेंकते देखा था, वे झूठ बोलते हैं। न्याय तथा निष्कपट व्यवहार को सर्वोपरि मानने वाले लोगों को इन झूठी बातों से एक सबक लेना चाहिए। साथ ही हम सरकारी वकील के उचित व्यवहार तथा अदालत के अभी तक के न्यायसंगत रवैये को भी स्वीकार करते हैं।

पहले प्रश्न के दूसरे हिस्से का उत्तर देने के लिए हमें इस बमकाण्ड जैसी ऐतिहासिक घटना के कुछ विस्तार में जाना पड़ेगा। हमने वह काम किस अभिप्राय से तथा किन परिस्थितियों के बीच किया, इसकी पूरी एवं खुली सफ़ाई आवश्यक है।

जेल में हमारे पास कुछ पुलिस अधिकारी आये थे। उन्होंने हमें बताया कि लार्ड इर्विन ने इस घटना के बाद ही असेम्बली के दोनों सदनों के सम्मिलित अधि

वेशन में कहा है कि ''यह विद्रोह किसी व्यक्ति विशेष के खिलाफ नहीं, वरना सम्पूर्ण शासन-व्यवस्था के विरुद्ध था।'' यह सुनकर हमने तुरन्त भाँप लिया कि लोगों ने हमारे इस काम के उद्देश्य को सही तौर पर समझ लिया है।

मानवता को प्यार करने में हम किसी से पीछे नहीं हैं। हमें किसी से व्यक्तिगत द्वेष नहीं है और हम प्राणिमात्र को हमेशा आदर की नज़र से देखते आये हैं। हम न तो बर्बरतापूर्ण उपद्रव करने वाले देश के कलंक हैं, जैसा कि सोशलिस्ट कहलाने वाले दीवान चमनलाल ने कहा है, और न ही हम पागल हैं, जैसा कि लाहौर के 'ट्रिब्यून' तथा कुछ अन्य अख़बारों ने सिद्ध करने का प्रयास किया है। हम तो केवल अपने देश के इतिहास, उसकी मौजूदा परिस्थिति तथा अन्य मानवोचित आकांक्षाओं के मननशील विद्यार्थी होने का विनम्रतापूर्वक दावा भर कर सकते हैं। हमें ढोंग तथा पाखण्ड से नफरत है।

एक अपकारजनक संस्था

यह काम हमने किसी व्यक्तिगत स्वार्थ अथवा विद्वेष की भावना से नहीं किया है। हमारा उद्देश्य केवल उस शासन-व्यवस्था के विरुद्ध प्रतिवाद करना था जिसके हर एक काम से उसकी अयोग्यता ही नहीं, वरन् अपकार करने की उसकी असीम क्षमता भी प्रकट होती है। इस विषय पर हमने जितना विचार किया उतना ही हमें इस बात का दृढ़ विश्वास होता गया कि वह केवल संसार के सामने भारत की लज्जा जनक तथा असहाय अवस्था का ढिंढोरा पीटने के लिए ही कायम है और वह एक गैर-ज़िम्मेदार तथा निरंकुश शासन का प्रतीक है।

जनता के प्रतिनिधियों ने कितनी ही बार राष्ट्रीय माँगों को सरकार के सामने रखा, परन्तु उसने उन माँगों की सर्वथा अवहेलना करके हर बार उन्हें रद्दी की टोकरी में डाल दिया। सदन द्वारा पास किए गए गम्भीर प्रस्तावों को भारत की तथाकथित पार्लियामेंट के सामने ही तिरस्कारपूर्वक पैरों तले रौंदा गया है, दरमनकारी तथा निरंकुश क़ानूनों को समाप्त करने की माँग करने वाले प्रस्तावों को हमेशा अवज्ञा की दृष्टि से ही देखा गया है और जनता द्वारा निर्वाचित सदस्यों ने सरकार के जिन क़ानूनों तथा प्रस्तावों को अवांछित एवं अवैधानिक बताकर रद्द कर दिया था, उन्हें केवल कलम हिलाकर ही सरकार ने लागू कर लिया है।

संक्षेप में, बहुत कुछ सोचने के बाद भी एक ऐसी संस्था के अस्तित्व का औचित्य हमारी समझ में नहीं आ सका जो, बावजूद उस तमाम शानो-शौक़त के, जिसका आधार भारत के करोड़ों मेहनतकशों की गाढ़ी कमाई है, केवल मात्र दिल को बहलाने वाली, थोथी, दिखावटी और शरारतों से भरी हुई एक संस्था है। हम सार्वजनिक नेताओं की मनोवृत्ति को समझ पाने में भी असमर्थ हैं। हमारी समझ

में नहीं आता कि हमारे नेतागण भारत की असहाय परतंत्रता की खिल्ली उड़ाने वाले इतने स्पष्ट एवं पूर्वनियोजित प्रदर्शनों पर सार्वजनिक सम्पत्ति एवं समय बर्बाद करने में सहायक क्यों बनते हैं।

हम इन्हीं प्रश्नों तथा मज़दूर आन्दोलन के नेताओं की धरपकड़ पर विचार कर ही रहे थे कि सरकार औद्योगिक विवाद विधेयक लेकर सामने आयी। हम इसी सम्बन्ध में असेम्बली की कार्यवाही देखने गये। वहाँ हमारा यह विश्वास और भी दृढ़ हो गया कि भारत की लाखों मेहनतकश जनता एक ऐसी संस्था से किसी बात की भी आशा नहीं कर सकती जो भारत की बेबस मेहनतकशों की दासता तथा शोषकों की गलाघोंटू शक्ति की अहितकारी यादगार है।

अन्त में वह क़ानून, जिसे हम बर्बर एवं अमानवीय समझते हैं, देश के प्रतिनिधियों के सरों पर पटक दिया गया, और इस प्रकार करोड़ों संघर्षरत भूखे मज़दूरों को प्राथमिक अधिकारों से भी वंचित कर दिया गया और उनके हाथों से उनकी आर्थिक मुक्ति का एकमात्र हथियार भी छीन लिया गया। जिस किसी ने भी कमरतोड़ परिश्रम करने वाले मूक मेहनतकशों की हालत पर हमारी तरह सोचा है वह शायद स्थिर मन से यह सब नहीं देख सकेगा। बलि के बकरों की भाँति शोषकों–और सबसे बड़ी शोषक स्वयं सरकार है–की बलिवेदी पर आये दिन होने वाली मज़दूरों की इन मूक कुर्बानियों को देखकर जिस किसी का दिल रोता है वह अपनी आत्मा की चीत्कार की उपेक्षा नहीं कर सकता।

गवर्नर जनरल की कार्यकारिणी समिति के भूतपूर्व सदस्य स्वर्गीय श्री एस. आर. दास ने अपने प्रसिद्ध पत्र में अपने पुत्र को लिखा था कि इंग्लैण्ड की स्वप्निद्रा भंग करने के लिए बम का उपयोग आवश्यक था। श्री दास के इन्हीं शब्दों को सामने रखकर हमने असेम्बली भवन में बम फेंके थे। हमने वह काम मज़दूरों की तरफ से प्रतिरोध प्रदर्शित करने के लिए किया था। उन असहाय मज़दूरों के पास अपने मर्मान्तक क्लेशों को व्यक्त करने का और कोई साधन भी तो नहीं था। हमारा एकमात्र उद्देश्य था 'बहरों को सुनाना' और उन पीड़ितों की माँगों पर ध्यान न देने वाली सरकार को समय रहते चेतावनी देना।

हमारी ही तरह दूसरों की भी परोक्ष धारणा है कि प्रशान्त सागर रूपी भारतीय मानवता की ऊपरी शान्ति किसी भी समय फूट पड़ने वाले एक भीषण तूफ़ान की द्योतक है। हमने तो उन लोगों के सिर्फ़ ख़तरे की घण्टी बजायी है जो आनेवाले भयानक ख़तरे की परवाह किये बगैर तेज़ रफ़्तार से आगे की तरफ भागे जा रहे हैं। हम लोगों को सिर्फ यह बता देना चाहते हैं कि 'काल्पनिक अहिंसा' का युग अब समाप्त हो चुका है और आज की उठती हुई नयी पीढ़ी को उसकी व्यर्थता में किसी भी प्रकार का सन्देह नहीं रह गया है।

मानवता के प्रति हार्दिक सद्‌भाव तथा अमित प्रेम रखने के कारण उसे व्यर्थ के रक्तपात से बचाने के लिए हमने चेतावनी देने के इस उपाय का सहारा लिया है। और उस आने वाले रक्तपात को हम ही नहीं, लाखों आदमी पहले से ही देख रहे हैं।

काल्पनिक अहिंसा

ऊपर हमने 'काल्पनिक अहिंसा' शब्द का प्रयोग किया है। यहाँ पर उसकी व्याख्या कर देना भी आवश्यक है। आक्रामक उद्देश्य से जब बल का प्रयोग होता है उसे हिंसा कहते हैं, और नैतिक दृष्टिकोण से उसे उचित नहीं कहा जा सकता। लेकिन जब उसका उपयोग किसी वैध आदर्श के लिए किया जाता है तो उसका नैतिक औचित्य भी होता है। किसी हालत में बल-प्रयोग नहीं होना चाहिए, यह विचार काल्पनिक और अव्यावहारिक है। इधर देश में जो नया आन्दोलन तेज़ी के साथ उठ रहा है, और जिसकी पूर्व सूचना हम दे चुके हैं वह गुरु गोविन्दसिंह, शिवाजी, कमाल पाशा, रिजा ख़ाँ, वाशिंगटन, गैरीबाल्डी, लफ़ायत और लेनिन के आदर्शों से ही प्रस्फुरित है और उन्हीं के पद-चिह्नों पर चल रहा है। चूँकि भारत की विदेशी सरकार तथा हमारे राष्ट्रीय नेतागण दोनों ही इस आन्दोलन की ओर से उदासीन लगते हैं और जानबूझकर उसकी पुकार की ओर से अपने कान बन्द करने का प्रयत्न कर रहे हैं। अतः हमने अपना कर्त्तव्य समझा कि हम एक ऐसी चेतावनी दें जिसकी अवहेलना न की जा सके।

हमारा अभिप्राय

अभी तक हमने इस घटना के मूल उद्देश्य पर ही प्रकाश डाला है। अब हम अपना अभिप्राय भी स्पष्ट कर देना चाहते हैं।

यह बताने की आवश्यकता नहीं है कि इस घटना के सिलसिले में मामूली चोटें खानेवाले व्यक्तियों अथवा असेम्बली के किसी अन्य व्यक्ति के प्रति हमारे दिलों में कोई वैयक्तिक विद्वेष की भावना नहीं थी। इसके विपरीत हम एक बार फिर स्पष्ट कर देना चाहते हैं कि हम मानव-जीवन को अत्यन्त पवित्र मानते हैं और किसी अन्य व्यक्ति को चोट पहुँचाने के बजाय हम मानव-जाति की सेवा में हँसते-हँसते अपने प्राण विसर्जित कर देंगे। हम साम्राज्यवाद की सेना के भाड़े के सैनिकों जैसे नहीं हैं जिनका काम ही हत्या होता है। हम मानव-जीवन का आदर करते हैं और बराबर उसकी रक्षा का प्रयत्न करते हैं। इसक बाद भी हम स्वीकार करते हैं कि हमने जान-बूझकर असेम्बली भवन में बम फेंके।

घटनाएँ स्वयं हमारे अभिप्राय पर प्रकाश डालती हैं। और हमारे इरादों की परख हमारे काम के परिणाम के आधार पर होनी चाहिए न कि अटकल एवं मनगढ़न्त

परिस्थितियों के आधार पर। सरकारी विशेषज्ञ की गवाही के विरुद्ध हमें यह कहना है कि असेम्बली भवन में फेंके गये बमों से वहाँ की एक खाली बेंच को ही कुछ नुकसान पहुँचा और लगभग आधे दर्जन लोगों को मामूली-सी खरोंचें-भर आयीं। सरकारी वैज्ञानिकों ने कहा है कि बम बड़े जोरदार थे और उनसे अधिक नुकसान नहीं हुआ, इसे एक अनहोनी घटना ही कहना चाहिए। लेकिन हमारे विचार से उन्हें वैज्ञानिक ढंग से बनाया ही ऐसा गया था। पहली बात, दोनों बम बेंचों तथा डेस्कों के बीच की खाली जगह में ही गिरे थे। दूसरे, उनके फूटने की जगह से दो फीट पर बैठे हुए लोगों को भी, जिनमें श्री पी. आर. राउ, श्री शंकर राव तथा सर जॉर्ज शुस्टर के नाम उल्लेखनीय हैं, या तो बिलकुल ही चोंटें नहों आयी या मात्र मामूली आयीं। अगर उन बमों में जोरदार पोटेशियम क्लोरेट और पिक्रिक एसिड भरा होता, जैसा कि सरकारी विशेषज्ञ ने कहा है, तो इन बमों ने उस लकड़ी के घेरे को तोड़कर कुछ गज की दूरी पर खड़े लोगों तक को उड़ा दिया होता। और यदि उनमें कोई और भी शक्तिशाली विस्फोटक भरा जाता तो निश्चय ही वे असेम्बली के अधिकांश सदस्यों को उड़ा देने में समर्थ होते। यही नहीं, यदि हम चाहते तो उन्हें सरकारी कक्ष में फेंक सकते थे जो विशिष्ट व्यक्तियों से खचाखच भरा था। या फिर उस सर जॉन साइमन को अपना निशाना बना सकते थे, जिसके अभागे कमीशन ने प्रत्येक विचारशील व्यक्ति के दिल में उसकी ओर से गहरी नफ़रत पैदा कर दी थी और जो उस समय असेम्बली की अध्यक्ष दीर्घा में बैठा था। लेकिन इस तरह का हमारा कोई इरादा नहीं था और उन बमों ने उतना ही काम किया जितने के लिए उन्हें तैयार किया गया था। यदि उससे कोई अनहोनी घटना हुई तो यही कि वे निशाने पर अर्थात् निरापद स्थान पर गिरे।

एक ऐतिहासिक सबक

इसके बाद हमने इस कार्य का दण्ड भोगने के लिए अपने-आप को जान-बूझकर पुलिस के हाथों समर्पित कर दिया। हम साम्राज्यवादी शोषकों को यह बता देना चाहते थे कि मुट्ठी-भर आदमियों को मारकर किसी आदर्श को समाप्त नहीं किया जा सकता और न ही दो नगण्य व्यक्तियों को कुचलकर राष्ट्र को दबाया जा सकता है। हम इतिहास के इस सबक पर ज़ोर देना चाहते थे कि परिचय-चिह्न तथा बास्तीय (फ्रांस की कुख्यात जेल जहाँ राजनीतिक बन्दियों को घोर यंत्रणाएँ दी जाती थीं) फ्रांस के क्रान्तिकारी आन्दोलन को कुचलने में समर्थ नहीं हुए थे, फाँसी के फन्दे और साइबेरिया की खानें रूसी क्रान्ति की आग को बुझा नहीं पायी थीं। तो फिर, क्या अध्यादेश और सेफ्टी बिल्स भारत में आज़ादी की लौ को बुझा सकेंगें? षड्यंत्रों का पता लगाकर या गढ़े हुए षड्यंत्रों द्वारा नौजवानो को सज़ा देकर या एक महान आदर्श के स्वप्न से प्रेरित नवयुवकों को जेलों में

ठूँसकर क्या क्रान्ति का अभियान रोका जा सकता है? हाँ, सामयिक चेतावनी से, बशर्ते कि उसकी उपेक्षा न की जाय, लोगों की जानें बचायी जा सकती हैं और व्यर्थ की मुसीबतों से उनकी रक्षा की जा सकती हैं। आगाही देने का यह भार अपने ऊपर लेकर, हमने अपना कर्तव्य पूरा किया है।

क्या है क्रान्ति?

भगतसिंह से नीचे की अदालत में पूछा गया था कि क्रान्ति से उन लोगों का क्या मतलब है? इस प्रश्न के उत्तर में उन्होंने कहा था कि क्रान्ति के लिए ख़ूनी लड़ाइयाँ अनिवार्य नहीं है और न ही उसमें व्यक्तिगत प्रति हिंसा के लिए कोई स्थान है। वह बम और पिस्तौल का सम्प्रदाय नहीं है। क्रान्ति से हमारा अभिप्राय है अन्याय पर आधारित मौजूदा समाज-व्यवस्था में आमूल परिवर्तन।

समाज का प्रमुख अंग होते हुए भी आज मज़दूरों को उनके प्राथमिक अधिकार से वंचित रखा जा रहा है और उनकी गाढ़ी कमाई का सारा धन शोषक पूँजीपति हड़प जाते हैं। दूसरों के अन्नदाता किसान आज अपने परिवार सहित दाने-दाने के लिए मुहताज हैं। दुनिया भर के बाज़ारों को कपड़ा मुहैया करने वाला बुनकर अपने तथा अपने बच्चों के तन ढँकने-भर को भी कपड़ा नहीं पा रहा है। सुन्दर महलों का निर्माण करने वाले राजगीर, लोहार तथा बढ़ई स्वयं गन्दे बाड़ों में रहकर ही अपनी जीवन-लीला समाप्त कर जाते हैं। इसके विपरीत समाज के जोंक शोषक पूँजीपति ज़रा-ज़रा-सी बातों के लिए लाखों का वारा-न्यारा कर देते हैं।

यह भयानक आसमानता और ज़बर्दस्ती लादा गया भेदभाव दुनिया को एक बहुत बड़ी उथल-पुथल की ओर लिए जा रहा है। यह स्थिति अधिक दिनों तक क़ायम नहीं रह सकती। स्पष्ट है कि आज का धनिक समाज एक भयानक ज्वालामुखी के मुख पर बैठकर रंगरेलियाँ मना रहा है और शोषकों के मासूम बच्चे तथा करोड़ों शोषित लोग एक भयानक खड्ड की कगार पर चल रहे हैं।

आमूल परिवर्तन की आवश्यकता

सभ्यता का यह प्रासाद यदि समय रहते संभाला न गया तो शीघ्र की चरमराकर बैठ जायेगा। देश को एक आमूल परिवर्तन की आवश्यकता है। और जो लोग इस बात को महसूस करते हैं उनका कर्तव्य है कि साम्यवादी सिद्धान्तों पर समाज का पुनर्निर्माण करें। जब तक यह नहीं किया जाता और मनुष्य द्वारा मनुष्य का तथा एक राष्ट्र द्वारा दूसरे राष्ट्र का शोषण, जिसे साम्राज्यवाद कहते हैं, समाप्त नहीं कर दिया जाता तब तक मानवता को उसके क्लेशों से छुटकारा मिलना असम्भव है, और तब तक युद्धों को समाप्त कर विश्व-शान्ति के युग का प्रादुर्भाव करने की सारी बातें महज़ ढोंग के अतिरिक्त और कुछ भी नहीं हैं। क्रान्ति से हमारा मतलब

अन्ततोगत्वा एक ऐसी समाज-व्यवस्था की स्थापना से है जो इस प्रकार के संकटों से बरी होगी और जिसमें सर्वहारा वर्ग का आधिपत्य सर्वमान्य होगा। और जिसके फलस्वरूप स्थापित होने वाला विश्व-संघ पीड़ित मानवता को पूँजीवाद के बन्धनों से और साम्राज्यवादी युद्ध की तबाही से छुटकारा दिलाने में समर्थ हो सकेगा।

सामयिक चेतावनी

यह है हमारा आदर्श। और इसी आदर्श से प्रेरणा लेकर हमने एक सही तथा पुरजोर चेतावनी दी है। लेकिन अगर हमारी इस चेतावनी पर ध्यान नहीं दिया गया और वर्तमान शासन-व्यवस्था उठती हुई जनशक्ति के मार्ग में रोड़े अटकाने से बाज न आयी, तो क्रान्ति के इस आदर्श की पूर्ति के लिए एक भयंकर युद्ध का छिड़ना अनिवार्य है। सभी बाधाओं को रौंदकर आगे बढ़ते हुए, उस युद्ध के फलस्वरूप सर्वहारा वर्ग के अधिनायकतंत्र की स्थापना होगी। यह अधिनायकतंत्र क्रान्ति के आदर्शों की पूर्ति के लिए मार्ग प्रशस्त करेगा। क्रान्ति मानवजाति का जन्मजात अधिकार है जिसका अपहरण नहीं किया जा सकता। स्वतंत्रता प्रत्येक मनुष्य का जनसिद्ध अधिकार है। श्रमिक वर्ग ही समाज का वास्तविक पोषक है, जनता की सर्वोपरि सत्ता की स्थापना ही श्रमिक वर्ग का अन्तिम लक्ष्य है। इन आदर्शों के लिए और इस विश्वास के लिए हमें जो भी दण्ड दिया जायेगा, हम उसका सहर्ष स्वागत करेंगे। क्रान्ति की इस पूजा-वेदी पर हम अपना यौवन नैवेद्य के रूप में लाये हैं, क्योंकि ऐसे महान आदर्श के लिए बड़े से बड़ा त्याग भी कम है। हम सन्तुष्ट हैं और क्रान्ति के आगमन की उत्सुकतापूर्वक प्रतीक्षा कर रहे हैं।

इन्कलाब ज़िन्दाबाद!

(6 जून, 1929)

विद्यार्थियों के नाम पत्र
(अक्टूबर, 1929)

[भगतसिंह और बुटकेश्वर दत्त की ओर से जेल से भेजा गया यह पत्र 19 अक्तूबर, 1929 को पंजाब छात्र संघ, लाहौर के दूसरे अधिवेशन में पढ़कर सुनाया गया था। अधिवेशन के सभापित थे सुभाषचंद्र बोस।]

इस समय हम नौजवानों से यह नहीं कह सकते कि वे बम और पिस्तौल उठाएँ। आज विद्यार्थियों के सामने इससे भी अधिक महत्त्वपूर्ण काम है। आनेवाले लाहौर अधिवेशन में कांग्रेस देश की आज़ादी की लड़ाई के लिए ज़बरदस्त लड़ाई की घोषणा करने वाली है। राष्ट्रीय इतिहास के इन कठिन क्षणों में नौजवानों के कन्धों पर बहुत बड़ी ज़िम्मेदारी आ पड़ेगी। यह सच है कि स्वतन्त्रता के इस युद्ध में अग्रिम मोर्चों पर विद्यार्थियों ने मौत से टक्कर ली है। क्या परीक्षा की इस घड़ी में वे उसी प्रकार की दृढ़ता और आत्मविश्वास का परिचय देने से हिचकिचाएँगे? नौजवानों को क्रांति का यह सन्देश देश के कोने-कोने में पहुँचाना है, फैक्टरी कारखानों के क्षेत्रों में, गंदी बस्तियों और गाँवों की जर्जर झोपड़ियों में रहने वाले करोड़ों लोगों में इस क्रांति की अलख जगानी है, जिससे आज़ादी आएगी और तब एक मनुष्य द्वारा दूसरे मनुष्य का शोषण असम्भव हो जाएगा। पंजाब वैसे ही राजनीतिक तौर पर पिछड़ा हुआ माना जाता है। इसकी भी जिम्मेदारी युवा वर्ग पर ही है। आज वे देश के प्रति अपनी असीम श्रद्धा और शहीद यतीन्द्रनाथ दास के महान बलिदान से प्रेरणा लेकर यह सिद्ध कर दें कि स्वतन्त्रता के इस संघर्ष में वे दृढ़ता से टक्कर ले सकते हैं।

[22 अक्तूबर, 1929 के ट्रिब्यून (लाहौर) में प्रकाशित।]

सम्पादक, माडर्न रिव्यू के नाम पत्र (दिसंबर, 1929)

[भगतसिंह ने अपने विचार स्पष्ट रूप से भारतीय जनता के सामने रखे। उनके विचार में, क्रांति की तलवार विचारों की धार से ही तेज़ होती है। वे विचारध ारात्मक क्रान्तिकारी हालात के लिए संघर्ष कर रहे थे। अपने विचारों पर हुए सभी वारों का उन्होंने तर्कपूर्ण उत्तर दिया। यह वार अंग्रेज़ी सरकार की ओर से किए गए या देशी नेताओं की ओर से अख़बारों में। शहीद यतीन्द्रनाथ दास 63 दिन की भूख हड़ताल के बाद शहीद हुए। 'मॉडर्न रिव्यू' के सम्पादक रामानन्द चट्टोपाध्याय ने उनकी शहादत के बाद भारतीय जनता द्वारा शहीद के प्रति किए गए सम्मान और उनके 'इन्कलाब ज़िन्दाबाद' के नारे की आलोचना की। भगतसिंह और बटुकेश्वर दत्त ने माडर्न रिव्यू के सम्पादक को उनके उस सम्पादकीय का निम्नलिखित उत्तर दिया था।]

श्री सम्पादक जी,

मार्डन रिव्यू।

आपने अपने सम्मानित पत्र के दिसम्बर, 1929 के अंक में एक टिप्पणी 'इन्कलाब ज़िन्दाबाद' शीर्षक से लिखी है और इस नारे को निरर्थक ठहराने की चेष्टा की है। आप सरीखे परिपक्व विचारक तथा अनुभवी और यशस्वी सम्पादक की रचना में दोष निकालना तथा उसका प्रतिवाद करना, जिसे प्रत्येक भारतीय सम्मान की दृष्टि से देखता है, हमारे लिए एक बड़ी धृष्टता होगी। तो भी इस प्रश्न का उत्तर देना हम अपना कर्तव्य समझते हैं कि इस नारे से हमारा क्या अभिप्राय है।

यह आवश्यक है, क्योंकि इस देश में इस समय इस नारे को सब लोगों तक पहुँचाने का कार्य हमारे हिस्से में आया है। इस नारे की रचना हमने नहीं की है। यही नारा रूस के क्रांतिकारी आंदोलन में प्रयोग किया गया है। प्रसिद्ध समाजवादी लेखक अप्टन सिंक्लेयर ने अपने उपन्यासों 'बोस्टन' और 'आईल' में यही नारा कुछ अराजकतावादी क्रान्तिकारी पात्रों के मुख से प्रयोग कराया है। इसका अर्थ क्या है? इसका यह अर्थ कदापि नहीं है कि सशस्त्र संघर्ष सदैव जारी रहे और

कोई भी व्यवस्था अल्प समय के लिए भी स्थाई न रह सके। दूसरे शब्दों में, देश और समाज में अराजकता फैली रहे।

दीर्घकाल से प्रयोग में आने के कारण इस नारे को एक ऐसी विशेष भावना प्राप्त हो चुकी है, जो संभव है कि भाषा के नियमों एवं कोष के आधार पर इसके शब्दों से उचित तर्कसम्मत रूप में सिद्ध न हो पाए, परन्तु इसके साथ ही इस नारे से उन विचारों को पृथक नहीं किया जा सकता, जो इसके साथ जुड़े हुए हैं। ऐसे समस्त नारे एक ऐसे स्वीकृत अर्थ के द्योतक हैं, जो एक सीमा तक उनमें उत्पन्न हो गए हैं तथा एक सीमा तक उसमें निहित है।

उदाहरण के लिए हम यतीन्द्रनाथ ज़िन्दाबाद का नारा लगाते हैं। इससे हमारा तात्पर्य यह होता है कि उनके जीवन के महान आदर्शों तथा उस अथक उत्साह को सदा-सदा के लिए बनायें रखें, जिसने इस महानतम बलिदानी को उस आदर्श के लिए अकथनीय कष्ट झेलने एवं असीम बलिदान करने की प्रेरणा दी। यह नारा लगाने से हमारी यह लालसा प्रकट होती है कि हम भी अपने आदर्शों के लिए अचूक उत्साह को अपनाएँ। यही वह भावना है, जिसकी हम प्रशंसा करते हैं। इसी प्रकार 'इन्कलाब' शब्द का अर्थ भी कोरे शाब्दिक रूप में नहीं लगाना चाहिए। इस शब्द का उचित एवं अनुचित प्रयोग करने वाले लोगों के हितों के आधार पर इसके साथ विभिन्न अर्थ एवं विभिन्न विशेषताएँ जोड़ी जाती हैं। क्रान्तिकारियों की दृष्टि में यह एक पवित्र वाक्य है। हमने इस बात को ट्रिब्यूनल के सम्मुख अपने वक्तव्य में स्पष्ट करने का प्रयास किया था।

इस वक्तव्य में हमने कहा था कि क्रांति (इन्कलाब) का अर्थ अनिवार्य रूप से सशस्त्र आन्दोलन नहीं होता। बम और पिस्तौल कभी-कभी क्रांति को सफल बनाने के साधन मात्र हो सकते हैं। इसमें भी सन्देह नहीं है कि कुछ आन्दोलनों में बम एवं पिस्तौल एक महत्त्वपूर्ण साधन सिद्ध होते हैं, परन्तु केवल इसी कारण से बम और पिस्तौल क्रांति के पर्यायवाची नहीं हो जाते। विद्रोह को क्रांति नहीं कहा जा सकता, यद्यपि हो सकता है कि विद्रोह का अन्तिम परिण ाम क्रांति हो।

एक वाक्य में क्रान्ति शब्द का अर्थ 'प्रगति के लिए परिवर्तन की भावना एव आकांक्षा' है। लोग साधारणतया जीवन की परम्परागत दशाओं के साथ चिपक जाते हैं और परिवर्तन के विचार से ही काँपने लगते हैं। यही एक अकर्मण्यता की भावना है, जिसके स्थान पर क्रान्तिकारी भावना जाग्रत करने की आवश्यकता है। दूसरे शब्दों में कहा जा सकता है कि अकर्मण्यता का वातावरण निर्मित हो जाता है और रूढ़िवादी शक्तियाँ मानव समाज को कुमार्ग पर ले जाती हैं। यही परिस्थितियाँ मानव समाज की उन्नति में गतिरोध का कारण बन जाती हैं।

क्रान्ति की इस भावना से मनुष्य जाति की आत्मा स्थाई तौर पर ओतप्रोत रहनी चाहिए, जिससे कि रूढ़िवादी शक्तियाँ मानव समाज की प्रगति की दौड़ में बाधा डालने के लिए संगठित न हो सकें। यह आवश्यक है कि पुरानी व्यवस्था सदैव न रहे और वह नयी व्यवस्था के लिए स्थान रिक्त करती रहे, जिससे कि एक आदर्श व्यवस्था संसार को बिगड़ने से रोक सके। यह है हमारा अभिप्राय जिसको हृदय में रख कर हम 'इन्कलाब ज़िन्दाबाद' का नारा ऊँचा करते हैं।

भगतसिंह, बी. के. दत्त

22 दिसम्बर, 1929

बम का दर्शन (जनवरी 1930)

[राष्ट्रीय आंदोलन के दौरान क्रांतिकारियों की निंदा में गाँधी जी ब्रिटिश सरकार से एक क़दम आगे रहते थे। 23 दिसंबर, 1929 को क्रांतिकारियों ने ब्रिटिश साम्राज्यवाद के स्तम्भ वायसराय की गाड़ी को उड़ाने का प्रयास किया, जो असफल रहा। गाँधी जी ने इस घटना पर एक कटुतापूर्ण लेख 'बम की पूजा' लिखा, जिसमें उन्होनें वायसराय को देश का शुभचिंतक और नवयुवकों को आजादी के रास्ते में रोड़ा अटकाने वाले कहा। इसी जवाब में हिसप्रस की ओर से भगवतीचरण वोहरा ने 'बम का दर्शन' लेख लिखा, जिसका शीर्षक 'हिंदुस्तान प्रजातन्त्र समाजवादी सभा का घोषणापत्र' रखा। भगतसिंह ने जेल में इसे अन्तिम रूप दिया। 26 जनवरी, 1930 को इसे देशभर में बाँटा गया।]

हाल ही की घटनाएँ विशेष रूप से 23 दिसंबर, 1929 को वायसराय की स्पेशल ट्रेन उड़ाने का जो प्रयत्न किया गया था, उसकी निन्दा करते हुए कांग्रेस द्वारा पारित किया गया प्रस्ताव तथा यंग इण्डिया में गाँधी जी द्वारा लिखे गए लेखों से स्पष्ट हो जाता है कि भारतीय राष्ट्रीय कांग्रेस ने गाँधी जी से साँठ-गाँठ कर भारतीय क्रांतिकारियों के विरुद्ध घोर आन्दोलन प्रारम्भ कर दिया है। जनता के बीच भाषणों तथा पत्रों के माध्यम से क्रांतिकारियों के विरुद्ध बराबर प्रचार किया जाता रहा है। या तो यह जानबूझकर किया गया या फिर केवल अज्ञान के कारण उनके विषय में ग़लत प्रचार होता रहा है और उन्हें ग़लत समझा जाता रहा। परन्तु क्रांतिकारी अपने सिद्धान्तों तथा कार्यों की ऐसी आलोचना से नहीं घबराते हैं। बल्कि वे ऐसी आलोचना का स्वागत करते हैं, क्योंकि वे इसे इस बात का स्वर्णावसर मानते हैं कि ऐसा करने से उन्हें उन लोगों को क्रांतिकारियों के मूलभूत सिद्धान्तों तथा उच्च्च आदर्शों को, जो उनकी प्रेरणा तथा शक्ति के अनवरत स्रोत हैं, समझाने का अवसर मिलता है। आशा की जाती है कि इस लेख द्वारा आम जनता को यह जानने का अवसर मिलेगा कि क्रांतिकारी क्या हैं, उनके विरुद्ध किए गए भ्रमात्मक प्रचार से उत्पन्न होने वाली ग़लतफ़हमियों से उन्हें बचाया जा सकेगा।

पहले हम हिंसा और अहिंसा के प्रश्न पर ही विचार करें। हमारे विचार से इन शब्दों का प्रयोग ही ग़लत किया गया है, और ऐसा करना ही दोनों दलों के साथ अन्याय करना है, क्योंकि इन शब्दों से दोनों ही दलों के सिद्धान्तों का

स्पष्ट बोध नहीं हो पाता। हिंसा का अर्थ है कि अन्याय के लिए किया गया बल प्रयोग, परन्तु क्रांतिकारियों का तो यह उद्देश्य नहीं है, दूसरी ओर अहिंसा का जो आम अर्थ समझा जाता है वह है आत्मिक शक्ति का सिद्धान्त। उसका उपयोग व्यक्तिगत तथा राष्ट्रीय अधिकारों को प्राप्त करने के लिए किया जाता है। अपने आप को कष्ट देकर आशा की जाती है कि इस प्रकार अन्त में अपने विरोधी का हृदय-परिवर्तन सम्भव हो सकेगा।

एक क्रांतिकारी जब कुछ बातों को अपना अधिकार मान लेता है तो वह उनकी माँग करता है, अपनी उस माँग के पक्ष में दलीलें देता है, समस्त आत्मिक शक्ति के द्वारा उन्हें प्राप्त करने की इच्छा करता है, उसकी प्राप्ति के लिए अत्यधिक कष्ट सहन करता है, इसके लिए वह बड़े से बड़ा त्याग करने के लिए प्रस्तुत रहता है और उसके समर्थन में वह अपना समस्त शारीरिक बल प्रयोग भी करता है। इसके इन प्रयत्नों को आप चाहे जिस नाम से पुकारें, परंतु आप इन्हें हिंसा के नाम से सम्बोधित नहीं कर सकते, क्योंकि ऐसा करना कोश में दिए इस शब्द के अर्थ के साथ अन्याय होगा। सत्याग्रह का अर्थ है, सत्य के लिए आग्रह। उसकी स्वीकृति के लिए केवल आत्मिक शक्ति के प्रयोग का ही आग्रह क्यों? इसके साथ-साथ शारीरिक बल प्रयोग भी [क्यों] न किया ज़ाए? क्रांतिकारी स्वतन्त्रता प्राप्ति के लिए अपनी शारीरिक एवं नैतिक शक्ति दोनों के प्रयोग में विश्वास करता है परन्तु नैतिक शक्ति का प्रयोग करने वाले शारीरिक बल प्रयोग को निषिद्ध मानते हैं। इसलिए अब यह सवाल नहीं है कि आप हिंसा चाहते हैं या अहिंसा, बल्कि प्रश्न तो यह है कि आप अपनी उद्देश्य प्राप्ति के लिए शारीरिक बल सहित नैतिक बल का प्रयोग करना चाहते हैं, या केवल आत्मिक शक्ति का?

क्रांतिकारियो का विश्वास है कि देश को क्रांति से ही स्वतन्त्रता मिलेगी। वे जिस क्रांति के लिए प्रयत्नशील हैं और जिस क्रांति का रूप उनके सामने स्पष्ट है, उसका अर्थ केवल यह नहीं है कि विदेशी शासकों तथा उनके पिट्ठुओं से क्रांतिकारियों का केवल सशस्त्र संघर्ष हो, बल्कि इस सशस्त्र संघर्ष के साथ-साथ नवीन सामाजिक व्यवस्था के द्वार देश के लिए मुक्त हो जाएँ। क्रांति पूँजीवाद, वर्गवाद तथा कुछ लोगों को ही विशेषाधिकार दिलाने वाली प्रणाली का अन्त कर देगी। यह राष्ट्र को अपने पैरों पर खड़ा करेगी, उससे नवीन राष्ट्र और नये समाज का जन्म होगा। क्रांति से सबसे बड़ी बात तो यह होगी कि वह मज़दूर व किसानों का राज्य क़ायम कर उन सब सामाजिक अवांछित तत्त्वों को समाप्त कर देगी जो देश की राजनीतिक शक्ति को हथियाए बैठे हैं।

आज की तरुण पीढ़ी को मानसिक गुलामी तथा धार्मिक रूढ़िवादी बंधन जकड़े हैं और उससे छुटकारा पाने के लिए तरुण समाज की जो बैचेनी है,

क्रांतिकारी उसी में प्रगतिशीलता के अंकुर देख रहा है। नवयुवक जैसे-जैसे मनोविज्ञान आत्मसात् करता जाएगा, वैसे-वैसे राष्ट्र की ग़ुलामी का चित्र उसके सामने स्पष्ट होता जाएगा तथा उसकी देश को स्वतन्त्र करने की इच्छा प्रबल होती जाएगी। और उसका यह क्रम तब तक चलता रहेगा जब तक कि युवक न्याय, क्रोध और क्षोभ से ओतप्रोत हो अन्याय करनेवालों की हत्या न प्रारम्भ कर देगा। इस प्रकार देश में आतंकवाद का जन्म होता है। आंतकवाद सम्पूर्ण क्रांति नहीं और क्रांति भी आतंकवाद के बिना पूर्ण नहीं। यह तो क्रांति का एक आवश्यक अंग है। इस सिद्धान्त का समर्थन इतिहास की किसी भी क्रांति का विश्लेषण कर जाना जा सकता है। आतंकवाद आततायी के मन में भय पैदा कर पीड़ित जनता में प्रतिशोध की भावना जाग्रत कर उसे शक्ति प्रदान करता है। अस्थिर भावना वाले लोगों को इससे हिम्मत बँधती है तथा उनमें आत्मविश्वास पैदा होता है। इससे दुनिया के सामने क्रांति के उद्देश्य का वास्तविक रूप प्रकट हो जाता है क्योंकि यह किसी राष्ट्र की स्वतन्त्रता की उत्कट महत्त्वाकांक्षा का विश्वास दिलाने वाले प्रमाण हैं, जैसे दूसरे देशों में होता आया है, वैसे ही भारत में आतंकवाद क्रांति का रूप धारण कर लेगा और अन्त में क्रांति से ही देश को सामाजिक, राजनैतिक तथा आर्थिक स्वतन्त्रता मिलेगी।

तो यह हैं क्रांतिकारी के सिद्धान्त, जिनमें वह विश्वास करता है और जिन्हें देश के लिए प्राप्त करना चाहता है। इस तथ्य की प्राप्ति के लिए वह गुप्त तथा खुलेआम दोनों ही तरीकों से प्रयत्न कर रहा है। इस प्रकार एक शताब्दी से संसार में जनता तथा शासक वर्ग में जो संघर्ष चला आ रहा है, वही अनुभव उसके लक्ष्य पर पहुँचने का मार्गदर्शक है। क्रांतिकारी जिन तरीकों में विश्वास करता है, वे कभी असफल नहीं हुए।

इस बीच कांग्रेस क्या कर रही थी? उसने अपना ध्येय स्वराज्य से बदलकर पूर्ण स्वतन्त्रता घोषित किया। इस घोषणा से कोई भी व्यक्ति यही निष्कर्ष निकालेगा कि कांग्रेस ने ब्रिटिश शासन के विरुद्ध युद्ध की घोषणा न कर क्रांतिकारियों के विरुद्ध युद्ध की घोषणा कर दी है। इस सम्बन्ध में कांग्रेस का पहला वार था उसका वह प्रस्ताव जिसमें 23 दिसम्बर, 1929 को वायसराय की स्पेशल ट्रेन उड़ाने के प्रयत्न की निन्दा की गई। और प्रस्ताव का मसौदा गाँधी जी ने स्वयं तैयार किया था और उसे पारित करने के लिए गाँधी जी ने अपनी सारी शक्ति लगा दी। परिणाम यह हुआ कि 1913 की सदस्य संख्या में वह केवल 31 अधिक मतों से पारित हो सका। क्या इस अत्यल्प बहुमत में भी राजनीतिक ईमानदारी थी? इस सम्बन्ध में हम सरलादेवी चौधरानी का मत ही यहाँ उद्धृत करें। वे तो जीवन-भर कांग्रेस की भक्त रही हैं। इस सम्बन्ध में प्रश्न के उत्तर में उन्होंने कहा है- मैंने

महात्मा गाँधी के अनुयायियों के साथ इस विषय में जो बातचीत की, उससे मालूम हुआ कि वे इस सम्बन्ध में स्वतन्त्र विचार महात्माजी के प्रति व्यक्तिगत निष्ठा के कारण प्रकट न कर सके, तथा इस प्रस्ताव के विरुद्ध मत देने में असमर्थ रहे, जिसके प्रणेता महात्मा जी थे। जहाँ तक गाँधी जी की दलील का प्रश्न है, उस पर हम बाद में विचार करेंगे। उन्होंने जो दलीलें दी हैं वे कुछ कम या अधिक इस सम्बन्ध में कांग्रेस में दिए गए भाषण का ही विस्तृत रूप हैं।

इस दुखद प्रस्ताव के विषय में एक बात मार्के की है जिसे हम अनदेखा नहीं कर सकते, वह यह कि यह सर्वविदित है कि कांग्रेस अहिंसा का सिद्धान्त मानती है और पिछले दस वर्षों से वह इसके समर्थन में प्रचार करती रही है। यह सब होने पर भी प्रस्ताव के समर्थन में भाषणों में गाली-गलौज की गई। उन्होंने क्रांतिकारियों को बुजदिल कहा और उनके कार्यों को घृणित। उनमें से एक वक्ता ने धमकी देते हुए यहाँ तक कह डाला कि यदि वे (सदस्य) गाँधी जी का नेतृत्व चाहते हैं तो उन्हें इस प्रस्ताव को सर्वसम्मति से पारित करना चाहिए। इतना सब कुछ किए जाने पर भी यह प्रस्ताव बहुत थोड़े मतों से ही पारित हो सका। इससे यह बात निशंक प्रमाणित हो जाती है कि देश की जनता पर्याप्त संख्या में क्रांतिकारियों का समर्थन कर रही है। इस तरह से इसके लिए गाँधी जी हमारे बधाई के पात्र हैं कि उन्होंने इस प्रश्न पर विवाद खड़ा किया और इस प्रकार संसार को दिखा दिया कि कांग्रेस, जो अहिंसा का गढ़ माना जाता है, वह सम्पूर्ण नहीं तो एक हद तक तो कांग्रेस से अधिक क्रांतिकारियों के साथ हैं।

इस विषय में गाँधी जी ने जो विजय प्राप्त की वह एक प्रकार की हार ही के बराबर थी और अब वे 'दि कल्ट ऑफ दि बम' लेख द्वारा क्रांतिकारियों पर दूसरा हमला कर बैठे हैं। इस सम्बन्ध में आगे कुछ कहने से पूर्व इस लेख पर हम अच्छी तरह विचार करेंगे। इस लेख में उन्होंने तीन बातों का उल्लेख किया है। उनका विश्वास, उनके विचार और उनका मत। हम उनके विश्वास के सम्बन्ध में विश्लेषण नहीं करेंगे, क्योंकि विश्वास में तर्क के लिए स्थान नहीं है। गाँधी जी जिसे हिंसा कहते हैं और जिसके विरुद्ध उन्होंने जो तर्कसंगत विचार प्रकट किए हैं, हम उनका सिलसिलेवार विश्लेषण करें।

गाँधी जी सोचते हैं कि उनकी यह धारणा सही है कि अधिकतर भारतीय जनता को हिंसा की भावना छू तक नहीं गई है और अहिंसा उनका राजनीतिक शस्त्र बन गया है। हाल ही में उन्होंने देश का जो भ्रमण किया है उस अनुभव के आधार पर उनकी यह धारणा बनी है, परन्तु उन्हें अपनी इस यात्रा के इस अनुभव से इस भ्रम में नहीं पड़ना चाहिए। यह बात सही है कि (कांग्रेस) नेता अपने दौरे वहीं तक सीमित रखता है जहाँ तक डाक गाड़ी उसे आराम से पहुँचा सकती

है, जबकि गाँधी जी ने अपनी यात्रा का दायरा वहाँ तक बढ़ा दिया है जहाँ तक मोटरकार द्वारा वे जा सकें। इस यात्रा में, वे धनी व्यक्तियों के ही निवास स्थानों पर रुके। इस यात्रा का अधिकतर समय उनके भक्तों द्वारा आयोजित गोष्ठियों में की गयी। उनकी प्रशंसा, सभाओं में यदा-कदा अशिक्षित जनता को दिए जाने वाले दर्शनों में बीता, जिसके विषय में उनका दावा है कि वे उन्हें अच्छी तरह समझते हैं, परंतु यही बात इस दलील के विरुद्ध है कि वे आम जनता की विचारधारा को जानते हैं।

कोई व्यक्ति जनसाधारण की विचारधारा को केवल मंचों से दर्शन और उपदेश देकर नहीं समझ सकता। वह तो केवल इतना ही दावा कर सकता है कि उसने विभिन्न विषयों पर अपने विचार जनता के सामने रखे। क्या गाँधी जी ने इन वर्षों में आम जनता के सामाजिक जीवन में कभी प्रवेश करने का प्रयत्न किया? क्या कभी उन्होंने किसी सन्ध्या को गाँव की किसी चौपाल के अलाव के पास बैठकर किसी किसान के विचार जानने का प्रयत्न किया? क्या किसी कारखाने के मज़दूर के साथ एक भी शाम गुज़ारकर उसके विचार समझने की कोशिश की है? पर हमने यह किया है इसलिए हम दावा करते हैं कि हम आम जनता को जानते हैं। हम गाँधी जी को विश्वास दिलाते हैं कि साधारण भारतीय साधारण मानव के सामने ही अहिंसा तथा अपने शत्रु से प्रेम करने की आध्यात्मिक भावना को बहुत कम समझता है।

संसार का तो यही नियम है- तुम्हारा एक मित्र है, तुम उससे स्नेह करते हो, कभी-कभी तो इतना अधिक कि तुम उसके लिए अपने प्राण भी दे देते हो। तुम्हारा शत्रु है, तुम उससे किसी भी प्रकार का सम्बन्ध नहीं रखते हो। क्रांतिकारियों का यह सिद्धान्त नितान्त सत्य, सरल और सीधा है और यह ध्रुव सत्य आदम और हौवा के समय से चला आ रहा है तथा इसे समझने में कभी किसी को कठिनाई नहीं हुई। हम यह बात स्वयं के अनुभव के आधार पर कह रहे हैं। वह दिन दूर नहीं जब लोग क्रांतिकारी विचारधारा को सक्रिय रूप देने के लिए हज़ारों की संख्या में जमा होंगे।

गाँधी जी घोषणा करते हैं कि अहिंसा के सामर्थ्य तथा अपने आप को पीड़ा देने की प्रणाली से उन्हें यह आशा है कि वे एक दिन विदेशी शासकों का हृदय परिवर्तन कर अपनी विचारधारा का उन्हें अनुयायी बना लेंगे। अब उन्होंने अपने सामाजिक जीवन के इस चमत्कार के प्रेम संहिता के प्रचार के लिए अपने आप को समर्पित कर दिया है। वे अडिग विश्वास के साथ उसका प्रचार कर रहे हैं, जैसा कि उनके कुछ अनुयायियों ने भी किया है। परंतु क्या वे बता सकते हैं कि भारत में कितने शत्रुओं का हृदय-परिवर्तन कर, वे उन्हें भारत का मित्र बनाने में

समर्थ हुए हैं? वे कितने ओडायरों, डायरों तथा रीडिंग और इरविन को भारत का मित्र बना सके हैं? यदि किसी को भी नहीं तो भारत उनकी विचारधारा से कैसे सहमत हो सकता है कि वे इग्लैंड को अहिंसा द्वारा समझा-बुझाकर इस बात को स्वीकार करने के लिए तैयार करा लेंगे कि वे भारत को स्वतन्त्रता दे दे।

यदि वायसराय की गाड़ी के नीचे बमों का ठीक से विस्फोट हुआ होता तो दो में से एक बात अवश्य हुई होती, या तो वायसराय अत्यधिक घायल हो जाते या उनकी मृत्यु हो गयी होती। ऐसी स्थिति में वायसराय तथा राजनीतिक दलों के नेताओं के बीच मंत्रणा न हो पाती, यह प्रयत्न रुक जाता। उससे राष्ट्र का भला ही होता। कलकत्ता कांग्रेस की चुनौती के बाद भी स्वशासन की भीख माँगने के लिए वायसराय भवन के आस-पास मँडराने वालों के लिए घृणास्पद प्रयत्न विफल हो जाते। यदि बमों का ठीक से विस्फोट हुआ होता तो भारत का एक शत्रु उचित सजा पा जाता। मेरठ तथा लाहौर-षड्यन्त्र और भुसावल काण्ड का मुक़दमा चलानेवाले केवल भारत के शत्रुओं को ही मित्र प्रतीत हो सकते हैं। साइमन कमीशन के सामूहिक विरोध से देश में जो एकजुटता स्थापित हो गई थी, गाँधी तथा नेहरू की राजनीतिक बुद्धिमत्ता के बाद ही इरविन उसे छिन्न-भिन्न करने में समर्थ हो सका। आज कांग्रेस में भी आपस में फूट पड़ गई है। हमारे इस दुर्भाग्य के लिए वायसराय या उसके चाटुकारों के सिवा कौन ज़िम्मेदार हो सकता है। इस पर भी हमारे देश में ऐसे लोग हैं जो उसे भारत का मित्र कहते हैं।

देश में ऐसे भी लोग होंगे जिन्हें कांग्रेस के प्रति श्रद्धा नहीं, इससे वे कुछ आशा भी नहीं करते। यदि गाँधी जी क्रांतिकारियों को उस श्रेणी में गिनते हैं तो वे उनके साथ अन्याय करते हैं। वे इस बात को अच्छी तरह जानते हैं कि कांग्रेस ने जन जागृति का महत्त्वपूर्ण कार्य किया है। उसने आम जनता में स्वतन्त्रता की भावना जाग्रत की है क्योंकि उनका यह दृढ़ विश्वास है कि जब तक कांग्रेस में सेन गुप्ता जैसे 'अद्भुत' प्रतिभाशाली व्यक्तियों का, जो वायसराय की ट्रेन उड़ाने में गुप्तचर विभाग का हाथ होने की बात करते हैं तथा अन्सारी जैसे लोग, जो राजनीति कम जानते और उचित तर्क की उपेक्षा कर बेतुकी और तर्कहीन दलील देकर यह कहते हैं कि किसी राष्ट्र ने बम से स्वतन्त्रता प्राप्त नहीं की- जब तक कांग्रेस के निर्णयों में इनके जैसे विचारों का प्राधान्य रहेगा, तब तक देश उससे बहुत कम आशा कर सकता है। क्रांतिकारी तो उस दिन की प्रतीक्षा में हैं जब कांग्रेसी आन्दोलन से अहिंसा की यह सनक समाप्त हो जाएगी और वह क्रांतिकारियों के कन्धे से कन्धा मिलाकर पूर्ण स्वतन्त्रता के सामूहिक लक्ष्य की ओर बढ़ेगी। इस वर्ष कांग्रेस ने इस सिद्धान्त को स्वीकार कर लिया है, जिसका

प्रतिपादन क्रांतिकारी पिछले 25 वर्षों से करते चले आ रहे हैं। हम आशा करें कि अगले वर्ष वह स्वतन्त्रता प्राप्ति के तरीकों का भी समर्थन करेगी।

गाँधी जी यह प्रतिपादित करते हैं कि जब-जब हिंसा का प्रयोग हुआ है तब-तब सैनिक ख़र्च बढ़ा है। यदि उनका मंतव्य क्रांतिकारियों की पिछली 25 वर्षों की गतिविधियों से है तो हम उनके वक्तव्यों को चुनौती देते हैं कि वे अपने इस कथन को तथ्य और आँकड़ों से सिद्ध करें। बल्कि हम तो यह कहेंगे कि उनके अहिंसा और सत्याग्रह के प्रयोगों का परिणाम, जिनकी तुलना स्वतन्त्रता संग्राम से नहीं की जा सकती, नौकरशाही अर्थव्यवस्था पर हुआ है। आंदोलनों का फिर वे हिंसात्मक हों या अहिंसात्मक, सफल हों या असफल, परिणाम तो भारत की अर्थव्यवस्था पर होगा ही। हमें समझ नहीं आता कि देश में सरकार ने जो विभिन्न वैधानिक सुधार किए, गाँधी जी उनमें हमें क्यों उलझाते हैं? उन्होंने मार्लेमिण्टो रिफार्म, माण्टेग्यू रिफार्म या ऐसे ही अन्य सुधारों की न तो कभी परवाह की और न ही उनके लिए आन्दोलन किया। ब्रिटिश सरकार ने तो यह टुकड़े वैधानिक आन्दोलनकारियों के सामने फेंके थे, जिससे उन्हें उचित मार्ग पर चलने से पथ भ्रष्ट किया जा सके। ब्रिटिश सरकार ने उन्हें तो यह घूस दी थी, जिससे वे क्रांतिकारियों को समूल नष्ट करने की उनकी नीति के साथ सहयोग करें। गाँधी जी जैसा कि इन्हें सम्बोधित करते हैं, कि भारत के लिए वे खिलौने-जैसे हैं, उन लोगों को बहलाने-फुसलाने के लिए जो समय-समय पर होम रूल, स्वशासन, जिम्मेदार सरकार, पूर्ण ज़िम्मेदार सरकार, औपनिवेशिक स्वराज्य जैसे अनेक वैधानिक नाम जो गुलामी के हैं, माँग करते हैं। क्रांतिकारियों का लक्ष्य तो शासन-सुधार का नहीं है, वे तो स्वतन्त्रता का स्तर कभी का ऊँचा कर चुके हैं और वे उसी लक्ष्य की प्राप्ति के लिए बिना किसी हिचकिचाहट के बलिदान कर रहे हैं। उनका दावा है कि उनके बलिदानों ने जनता की विचारधारा में प्रचण्ड परिवर्तन किया है। उसके प्रयत्नों से वे देश को स्वतन्त्रता के मार्ग पर बहुत आगे बढ़ा ले गए हैं और यह बात उनसे राजनीतिक क्षेत्र में मतभेद रखने वाले लोग भी स्वीकार करते हैं।

गाँधी जी का कथन है कि हिंसा से प्रगति का मार्ग अवरुद्ध होकर स्वतन्त्रता पाने का दिन स्थगित हो जाता है, तो हम इस विषय में अनेक ऐसे उदाहरण दे सकते हैं, जिनमें जिन देशों ने हिंसा से काम लिया उनकी सामाजिक प्रगति होकर उन्हें राजनीतिक स्वतन्त्रता प्राप्त हुई। हम रूस तथा तुर्की का ही उदाहरण लें। दोनों ने हिंसा के उपायों से ही सशस्त्र क्रांति द्वारा सत्ता प्राप्त की। उसके बाद भी सामाजिक सुधारों के कारण वहां की जनता ने बड़ी तीव्र गति से प्रगति की। एकमात्र अफ़गानिस्तान के उदाहरण से राजनीतिक सूत्र सिद्ध नहीं किया जा सकता। यह तो अपवाद मात्र है।

गाँधी जी के विचार में 'असहयोग आन्दोलन के समय जो जन जागृति हुई है, वह अहिंसा के उपदेश का ही परिणाम था' परन्तु यह धारणा ग़लत है और यह श्रेय अहिंसा को देना भी भूल है, क्योंकि जहाँ भी अत्यधिक जन जागृति हुई वह सीधे मोर्चे की कार्रवाई से हुई। उदाहरणार्थ, रूस में शक्तिशाली जन आन्दोलन से ही वहाँ किसान और मज़दूरों में जागृति उत्पन्न हुई। उन्हें तो किसी ने अहिंसा का उपदेश नहीं दिया था, बल्कि हम तो यहाँ तक कहेंगे कि अहिंसा तथा गाँधी जी की समझौता-नीति से ही उन शक्तियों में फूट पड़ गयी जो सामूहिक मोर्चे के नारे से एक हो गई थीं। यह प्रतिपादित किया जाता है कि राजनीतिक अन्यायों का मुकाबला अहिंसा के शस्त्र से किया जा सकता है, पर इस विषय में संक्षेप में यही कहा जा सकता है कि यह अनोखा विचार है, जिसका अभी प्रयोग नहीं हुआ है।

दक्षिण अफ्रीका में भारतीयों के जो न्यायोचित आधिकार माँगे जाते थे, उन्हें प्राप्त करने में अहिंसा का शस्त्र असफल रहा। वह भारत को स्वराज्य दिलाने में भी असफल रहा, जबकि राष्ट्रीय कांग्रेस स्वयंसेवकों की एक बड़ी सेना उसके लिए प्रयत्न करती रही तथा उस पर लगभग सवा करोड़ रुपया भी ख़र्च किया गया। हाल ही में, बारदोली सत्याग्रह में इसकी असफलता सिद्ध हो चुकी है। इस अवसर पर सत्याग्रह के नेता गाँधी और पटेल ने बारदोली के किसानों को जो कम-से-कम अधिकार दिलाने का आश्वासन दिया था, उसे भी वे न दिला सके। इसके अतिरिक्त अन्य किसी देशव्यापी आन्दोलन की बात हमें मालूम नहीं। अब तक इस अहिंसा को एक ही आशीर्वाद मिला वह था असफलता का। ऐसी स्थिति में यह आश्चर्य नहीं कि देश ने फिर उसके प्रयोग से इनकार कर दिया। वास्तव में गाँधी जी जिस रूप में सत्याग्रह का प्रचार करते हैं, वह एक प्रकार का आन्दोलन है, एक विरोध है जिसका स्वाभाविक परिणाम समझौते में होता है, जैसा प्रत्यक्ष देखा गया है। इसलिए जितनी जल्दी हम समझ लें कि स्वतन्त्रता और गुलामी में कोई समझौता नहीं हो सकता, उतना ही अच्छा है।

गाँधी जी सोचते हैं हम नये युग में प्रवेश कर रहे हैं। परंतु कांग्रेस विधान में शब्दों का हेर-फेर मात्र कर, अर्थात् स्वराज्य को पूर्ण स्वतन्त्रता कह देने से नया युग प्रारम्भ नहीं हो जाता। वह दिन वास्तव में एक महान दिवस होगा जब कांग्रेस देशव्यापी आन्दोलन प्रारम्भ करने का निर्णय करेगी, जिसका आधार सर्वमान्य क्रांतिकारी सिद्धान्त होंगे। ऐसे समय तक स्वतन्त्रता का झंडा फहराना हास्यास्पद होगा। इस विषय में हम सरलादेवी चौधरानी के उन विचारों से सहमत हैं जो उन्होंने एक पत्र-संवाददाता को भेंट में व्यक्त किए। उन्होंने कहा- 31 दिसंबर, 1929 की अर्धरात्रि के ठीक एक मिनट बाद स्वतन्त्रता का झंडा फहराना एक विचित्र घटना है। उस समय जी. ओ. सी., असिस्टेंट जी. ओ. सी. तथा अन्य लोग

इस बात को अच्छी तरह जानते थे कि स्वतन्त्रता का झंडा फहराने का निर्णय आधी रात तक अधर में लटका है, क्योंकि यदि वायसराय या सैक्रेटरी ऑफ स्टेट का कांग्रेस को यह संदेश आ जाता है कि भारत को औपनिवेशिक स्वराज्य दे दिया गया है, तो रात्रि को 11 बजकर 59 मिनट पर भी स्थिति में परिवर्तन हो सकता था। इससे स्पष्ट है कि पूर्ण स्वतन्त्रता प्राप्ति का ध्येय नेताओं की हार्दिक इच्छा नहीं थी, बल्कि एक बालहठ के समान था। भारतीय राष्ट्रीय कांग्रेस के लिए उचित तो यही होता कि वह पहले स्वतन्त्रता प्राप्त कर फिर उसकी घोषण ा करती। यह सच है कि अब औपनिवेशिक स्वराज्य के बजाय कांग्रेस के वक्ता जनता के सामने पूर्ण स्वतन्त्रता का ढोल पीटेंगे। वे अब जनता से कहेंगे कि जनता को संघर्ष के लिए तैयार हो जाना चाहिए जिसमें एक पक्ष तो मुक्केबाजी करेगा और दूसरा उन्हें केवल सहता रहेगा, जब तक कि वह ख़ूब पिटकर इतना हताश न हो जाए कि फिर न उठ सके? क्या उसे संघर्ष कहा जा सकता है और क्या इससे देश को स्वतन्त्रता मिल सकती है? किसी भी राष्ट्र के लिए सर्वोच्च लक्ष्य प्राप्ति का ध्येय सामने रखना अच्छा है, परन्तु साथ में यह भी आवश्यक है इस लक्ष्य तक पहुँचने के लिए उन साधनों का उपयोग किया जाए जो योग्य हों और जो पहले उपयोग में आ चुके हों, अन्यथा संसार के सम्मुख हमारे हास्यासपद बनने का भय बना रहेगा।

गाँधी जी ने सभी विचारशील लोगों से कहा कि वे लोग क्रांतिकारियों से सहयोग करना बन्द कर दें तथा उनके कार्यों की निन्दा करें, जिससे हमारे इस प्रकार उपेक्षित देशभक्तों की हिंसात्मक कार्यों से जो हानि हुई, उसे समझ सकें। लोगों को उपेक्षित तथा पुरानी दलीलों के समर्थक कह देना जितना आसान है, उसी प्रकार उनकी निन्दा कर जनता से उनसे सहयोग न करने को कहना, जिससे वे अलग-अलग हो अपना कार्यक्रम स्थगित करने के लिए बाध्य हो जाएँ, यह सब करना विशेष रूप से उस व्यक्ति के लिए आसान होगा जो कि जनता के कुछ प्रभावशाली व्यक्तियों का विश्वासपात्र हो। गाँधी जी ने जीवनभर जनजीवन का अनुभव किया है, पर वह बडे दु:ख की बात है कि वे भी क्रांतिकारियों का मनोविज्ञान न तो समझते हैं और न समझना ही चाहते हैं। वह सिद्धान्त अमूल्य है, जो प्रत्येक क्रांतिकारी को प्रिय है। जो व्यक्ति क्रांतिकारी बनता है, जब वह अपना सिर हथेली पर रखकर किसी क्षण भी आत्मबलिदान के लिए तैयार रहता है तो वह केवल खेल के लिए नहीं। वह यह त्याग और बलिदान इसलिए भी नहीं करता कि जब जनता उसके साथ सहानुभूति दिखाने की स्थिति में हो तो उसकी जयजयकार करे। वह इस मार्ग का इसलिए अवलम्बन करता है कि उसका सद्वि वेक उसे इसकी प्रेरणा देता है, उसकी आत्मा उसे इसके लिए प्रेरित करती है।

एक क्रांतिकारी सबसे अधिक तर्क में विश्वास करता है। वह केवल तर्क और तर्क ही विश्वास करता है। किसी प्रकार का गाली-गलौच या निन्दा, चाहे फिर वह ऊँचे-से-ऊँचे स्तर से की गई हो, उसे वह अपनी निश्चित उद्देश्य प्राप्ति से वंचित नहीं कर सकती। यह सोचना कि यदि जनता का सहयोग न मिला या उसके कार्य की प्रशंसा न की गई तो वह अपने उद्देश्य को छोड़ देगा, निरी मूर्खता है। अनेक क्रांतिकारी, जिनके कार्यों की वैधानिक आंदोलनकारियों ने घोर निन्दा की, फिर भी वे उसकी परवाह न करते हुए फाँसी के तख्ते पर झूल गए। यदि तुम चाहते हो कि क्रांतिकारी अपनी गतिविधियों को स्थगित कर दें तो उसके लिए होना तो यह चाहिए कि उनके साथ तर्क द्वारा अपना मत प्रमाणित किया जाए। यह एक और केवल यही एक रास्ता है, और बाक़ी बातों के विषय में किसी को संदेह नहीं होना चाहिए। क्रांतिकारी इस प्रकार की डराने-धमकाने से कदापि हार मानने वाला नहीं।

हम प्रत्येक देशभक्त से निवेदन करते हैं कि वह हमारे साथ गम्भीरतापूर्वक इस युद्ध में शामिल हो। कोई भी व्यक्ति अहिंसा और ऐसे ही अजीबो-ग़रीब तरीकों से मनोवैज्ञानिक प्रयोग कर राष्ट्र की स्वतन्त्रता के साथ खिलवाड़ न करे। स्वतन्त्रता राष्ट्र का प्राण है। हमारी ग़ुलामी हमारे लिए लज्जास्पद है, न जाने कब हममें यह बुद्धि और साहस होगा कि हम उससे मुक्ति प्राप्ति कर स्वतन्त्र हो सकें? हमारी प्राचीन सभ्यता और गौरव की विरासत का क्या लाभ, यदि हममें यह स्वाभिमान न रहे कि हम विदेशी ग़ुलामी, विदेशी झण्डे और बादशाह के सामने सिर झुकाने से अपने आप को न रोक सकें।

क्या यह अपराध नहीं है कि ब्रिटेन ने भारत में अनैतिक शासन किया? हमें भिखारी बनाया, हमारा समस्त ख़ून चूस लिया? एक जाति और मानवता के नाते हमारा घोर अपमान तथा शोषण किया गया है। क्या जनता अब भी चाहती है कि इस अपमान को भुलाकर हम ब्रिटिश शासकों को क्षमा कर दें। हम बदला लेंगे, जो जनता द्वारा शासकों से लिया गया न्यायोचित बदला होगा। कायरों को पीठ दिखाकर समझौता और शान्ति की आशा से चिपके रहने दीजिए। हम किसी से भी दया की भिक्षा नहीं माँगते हैं और हम भी किसी को क्षमा नहीं करेंगे। हमारा युद्ध विजय या मृत्यु के निर्णय तक चलता ही रहेगा। क्रांति चिरंजीवी हो।

करतारसिंह

प्रेजीडेण्ट

इंकलाब की तलवार विचारों की सान पर तेज़ होती है (जनवरी 1930)

[असेम्बली बम काण्ड पर यह अपील भगतसिंह द्वारा जनवरी, 1930 में हाई कोर्ट में की गयी थी। इसी अपील में ही उनका यह प्रसिद्द वक्तव्य था: "पिस्तौल और बम इंकलाब नहीं लाते, बल्कि इंकलाब की तलवार विचारों की सान पर तेज होती है और यही चीज थी, जिसे हम प्रकट करना चाहते थे।"]

माई लॉर्ड, हम न वकील हैं, न अंग्रेज़ी विशेषज्ञ और न हमारे पास डिगरियाँ हैं। इसलिए हमसे शानदार भाषणों की आशा न की जाए। हमारी प्रार्थना है कि हमारे बयान की भाषा संबंधी त्रुटियों पर ध्यान न देते हुए, उसके वास्तवकि अर्थ को समझने का प्रयत्न किया जाए। दूसरे तमाम मुद्दों को अपने वकीलों पर छोड़ते हुए मैं स्वयं एक मुद्दे पर अपने विचार प्रकट करूँगा। यह मुद्दा इस मुक़दमे में बहुत महत्त्वपूर्ण है। मुद्दा यह है कि हमारी नीयत क्या थी और हम किस हद तक अपराधी हैं।

विचारणीय यह है कि असेंबली में हमने जो दो बम फेंके, उनसे किसी व्यक्ति को शारीरिक या आर्थिक हानि नहीं हुई। इस दृष्टिकोण से हमें जो सज़ा दी गई है, वह कठोरतम ही नहीं, बदला लेने की भावना से भी दी गई है। यदि दूसरे दृष्टिकोण से देखा जाए, तो जब तक अभियुक्त की मनोभावना का पता न लगाया जाए, उसके असली उद्देश्य का पता ही नहीं चल सकता। यदि उद्देश्य को पूरी तरह भुला दिया जाए, तो किसी के साथ न्याय नहीं हो सकता, क्योंकि उद्देश्य को नजरों में न रखने पर संसार के बड़े-बड़े सेनापति भी साधारण हत्यारे नज़र आएँगे। सरकारी कर वसूल करने वाले अधिकारी चोर, जालसाज दिखाई देंगे और न्यायाधीशों पर भी कत्ल करने का अभियोग लगेगा। इस तरह सामाजिक व्यवस्था और सभ्यता ख़ून-ख़राबा, चोरी और जालसाजी बनकर रह जाएगी। यदि उद्देश्य की उपेक्षा की जाए, तो किसी हुकूमत को क्या अधिकार है कि समाज के व्यक्तियों से न्याय करने को कहे? यदि उद्देश्य की उपेक्षा की जाए, तो हर ध र्म प्रचारक झूठ का प्रचारक दिखाई देगा और हरेक पैगंबर पर अभियोग लगेगा कि उसने करोड़ों भोले और अनजान लोगों को गुमराह किया । यदि उद्देश्य को

भुला दिया जाए, तो हज़रत ईसा मसीह गड़बड़ी फैलाने वाले, शांति भंग करने वाले और विद्रोह का प्रचार करने वाले दिखाई देंगे और क़ानून के शब्दों में वह ख़तरनाक व्यक्तित्व माने जाएँगे... अगर ऐसा हो, तो मानना पड़ेगा कि इंसानियत की कुरबानियाँ, शहीदों के प्रयत्न, सब बेकार रहे और आज भी हम उसी स्थान पर खड़े हैं, जहाँ आज से बीस शताब्दियों पहले थे। क़ानून की दृष्टि से उद्देश्य का प्रश्न ख़ास महत्त्व रखता है।

माई लॉर्ड, इस दशा में मुझे यह कहने की आज्ञा दी जाए कि जो हुकूमत इन कमीनी हरकतों में आश्रय खोजती है, जो हुकूमत व्यक्ति के कुदरती अधि कार छीनती है, उसे जीवित रहने का कोई अधिकार नहीं। अगर यह क़ायम है, तो आरजी तौर पर और हज़ारों बेगुनाहों का ख़ून इसकी गर्दन पर है। यदि क़ानून उद्देश्य नहीं देखता, तो न्याय नहीं हो सकता और न ही स्थायी शांति स्थापित हो सकती है। आटे में संखिया मिलाना जुर्म नहीं, यदि उसका उद्देश्य चूहों को मारना हो। लेकिन यदि इससे किसी आदमी को मार दिया जाए, तो कत्ल का अपराध बन जाता है। लिहाजा, ऐसे कानूनों को, जो युक्ति (दलील) पर आधारित नहीं और न्याय के सिद्धांत के विरुद्ध है, उन्हें समाप्त कर देना चाहिए। ऐसे ही न्याय विरोधी क़ानूनों के कारण बड़े-बड़े श्रेष्ठ बौद्धिक लोगों ने बगावत के कार्य किए हैं।

हमारे मुकदमे के तथ्य बिलकुल सादा हैं। 8 अप्रैल, 1929 को हमने सेंट्रल असेंबली में दो बम फेंके। उनके धमाके से चंद लोगों को मामूली खरोंचें आईं। चेंबर में हंगामा हुआ, सैकड़ों दर्शक और सदस्य बाहर निकल गए। कुछ देर बाद ख़ामोशी छा गई। मैं और साथी बीके दत्त ख़ामोशी के साथ दर्शक गैलरी में बैठे रहे और हमने स्वयं अपने को प्रस्तुत किया कि हमें गिरफ़्तार कर लिया जाए। हमें गिरफ़्तार कर लिया गया। अभियोग लगाए गए और हत्या करने के प्रयत्न के अपराध में हमें सजा दी गई।

लेकिन बमों से 4-5 आदमियों को मामूली चोटें आईं और एक बेंच को मामूली नुकसान पहुँचा। जिन्होंने यह अपराध किया, उन्होंने बिना किसी किस्म के हस्तक्षेप के अपने आपको गिरफ़्तारी के लिए पेश कर दिया। सेशन जज ने स्वीकार किया कि यदि हम भागना चाहते, तो भागने में सफल हो सकते थे। हमने अपना अपराध स्वीकार किया और अपनी स्थिति स्पष्ट करने के लिए बयान दिया। हमें सजा का भय नहीं है। लेकिन हम यह नहीं चाहते कि हमें गलत समझा जाए। हमारे बयान से कुछ पैराग्राफ काट दिए गए हैं, यह वास्तविकता की दृष्टि से हानिकारक है।

समग्र रूप में हमारे वक्तव्य के अध्ययन से साफ़ होता है कि हमारे दृष्टिकोण से हमारा देश एक नाजुक दौर से गुज़र रहा है। इस दशा में काफ़ी ऊँची आवाज़

में चेतावनी देने की जरूरत थी और हमने अपने विचारानुसार चेतावनी दी है। संभव है कि हम ग़लती पर हों, हमारा सोचने का ढंग जज महोदय के सोचने के ढंग से भिन्न हो, लेकिन इसका यह अर्थ नहीं कि हमें अपने विचार प्रकट करने की स्वीकृति न दी जाए और ग़लत बातें हमारे साथ जोडी जाएं।

'इंकलाब जिंदाबाद और साम्राज्यवाद मुर्दाबाद' के संबंध में हमने जो व्याख्या अपने बयान में दी, उसे उड़ा दिया गया है: हालांकि यह हमारे उद्देश्य का खास भाग है। इंक़लाब ज़िंदाबाद से हमारा वह उद्देश्य नहीं था, जो आमतौर पर गलत अर्थ में समझा जाता है। पिस्तौल और बम इंकलाब नहीं लाते, बल्कि इंकलाब की तलवार विचारों की सान पर तेज़ होती है और यही चीज़ थी, जिसे हम प्रकट करना चाहते थे। हमारे इंकलाब का अर्थ पूँजीवादी युद्धों की मुसीबतों का अंत करना है। मुख्य उद्देश्य और उसे प्राप्त करने की प्रक्रिया समझे बिना किसी के संबंध में निर्णय देना उचित नहीं। ग़लत बातें हमारे साथ जोड़ना साफ़ अन्याय है।

इसकी चेतावनी देना बहुत आवश्यक था। बेचैनी रोज़-रोज़ बढ़ रही है। यदि उचित इलाज न किया गया, तो रोग खतरनाक रूप ले लेगा। कोई भी मानवीय शक्ति इसकी रोकथाम न कर सकेगी। अब हमने इस तूफ़ान का रुख बदलने के लिए यह कार्रवाई की। हम इतिहास के गंभीर अध्येता हैं। हमारा विश्वास है कि यदि सत्ताधारी शक्तियाँ ठीक समय पर सही कार्रवाई करतीं, तो फ्रांस और रूस की ख़ूनी क्रांतियाँ न बरस पड़तीं। दुनिया की कई बड़ी-बड़ी हुकूमतें विचारों के तूफ़ान को रोकते हुए ख़ून-ख़राबे के वातावरण में डूब गईं।

सत्ताधारी लोग परिस्थितियों के प्रवाह को बदल सकते हैं। हम पहले चेतावनी देना चाहते थे। यदि हम कुछ व्यक्तियों की हत्या करने के इच्छुक होते, तो हम अपने मुख्य उद्देश्य में विफल हो जाते। माई लॉर्ड, इस नीयत और उद्देश्य को दृष्टि में रखते हुए हमने कार्रवाई की और इस कार्रवाई के परिणाम हमारे बयान का समर्थन करते हैं। एक और नुक्ता स्पष्ट करना आवश्यक है। यदि हमें बमों की ताकत के संबंध में कतई ज्ञान न होता, तो हम पं. मोती लाल नेहरू, श्री केलकर, श्री जयकर और श्री जिन्ना जैसे सम्माननीय राष्ट्रीय व्यक्तियों की उपस्थिति में क्यों बम फेंकते? हम नेताओं के जीवन किस तरह ख़तरे में डाल सकते थे? हम पागल तो नहीं हैं? और अगर पागल होते, तो जेल में बंद करने के बजाय हमें पागलखाने में बंद किया जाता। बमों के संबंध में हमें निश्चित जानकारी थी। उसी कारण हमने ऐसा साहस किया। जिन बेंचों पर लोग बैठे थे, उन पर बम फेंकना कहीं आसान काम था, खाली जगह पर बमों को फेंकना निहायत मुश्किल था। अगर बम फेंकने वाले सही दिमाग़ों के न होते या वे परेशान होते, तो बम खाली जगह के बजाय बेंचों पर गिरते। तो मैं कहूँगा कि खाली जगह के चुनाव के लिए

जो हिम्मत हमने दिखाई, उसके लिए हमें इनाम मिलना चाहिए। इन हालात में, माई लार्ड, हम सोचते हैं कि हमें ठीक तरह समझा नहीं गया। आपकी सेवा में हम सज़ाओं में कमी कराने नहीं आए, बल्कि अपनी स्थिति स्पष्ट करने आए हैं। हम चाहते हैं कि न तो हमसे अनुचित व्यवहार किया जाए, न ही हमारे संबंध में अनुचित राय दी जाए। सज़ा का सवाल हमारे लिए गौण है।

लेनिन मृत्यु वार्षिकी पर तार
(जनवरी, 1930)

21 जनवरी, 1930 को लाहौर षड्यंत्र केस के सभी अभियुक्त अदालत में लाल रुमाल बाँध कर उपस्थित हुए। जैसे ही मजिस्ट्रेट ने अपना आसन ग्रहण किया उन्होंने "समाजवादी क्रान्ति ज़िन्दाबाद", "कम्युनिस्ट इंटरनेशनल ज़िन्दाबाद", "जनता ज़िन्दाबाद", "लेनिन का नाम अमर रहेगा" और "साम्राज्यवाद का नाश हो" के नारे लगाये। इसके बाद भगतसिंह ने अदालत में तार का मजमून पढ़ा और मजिस्ट्रेट से इसे तीसरे इंटरनेशनल को भिजवाने का आग्रह किया।

लेनिन दिवस के अवसर पर हम उन सभी को हार्दिक अभिनन्दन भेजते हैं जो महान लेनिन के आदर्शों को आगे बढ़ाने के लिए कुछ भी कर रहे हैं। हम रूस द्वारा किये जा रहे महान प्रयोग की सफलता की कामना करते हैं। सर्वहारा विजयी होगा। पूँजीवाद पराजित होगा। साम्राज्यवाद की मौत हो।

पिताजी के नाम पत्र
(अक्टूबर, 1930)

[30 सितम्बर, 1930 को भगतसिंह के पिता सरदार किशन सिंह ने ट्रिब्यूनल को एक अर्जी देकर बचाव पेश करने के लिए अवसर की माँग की। सरदार किशनसिंह स्वयं देशभक्त थे और राष्ट्रीय आन्दोलन में जेल जाते रहते थे। उन्हें व कुछ अन्य देशभक्तों को लगता था कि शायद बचाव-पक्ष पेश कर भगतसिंह को फाँसी के फ़न्दे से बचाया जा सकता है, लेकिन भगतसिंह और उनके साथी बिलकुल अलग नीति पर चल रहे थे। उनके अनुसार, ब्रिटिश सरकार बदला लेने की नीति पर चल रही है व न्याय सिर्फ़ ढकोसला है। किसी भी तरीके से उसे सज़ा देने से रोका नहीं जा सकता। उन्हें लगता था कि यदि इस मामले में कमजोरी दिखायी गयी तो जन-चेतना में अंकुरित हुआ क्रान्ति-बीज स्थिर नहीं हो पायेगा। पिता द्वारा दी गयी अर्जी से भगतसिंह की भावनाओं को भी चोट लगी, लेकिन अपनी भावनाओं को नियन्त्रित कर अपने सिद्धान्तों पर ज़ोर देते हुए, उन्होंने 4 अक्तूबर, 1930 को यह पत्र लिखा जो उनके पिता को देर से मिला। 7 अक्तूबर, 1930 को मुक़दमे का फ़ैसला सुना दिया गया।]

4 अक्तूबर, 1930

पूज्य पिता जी,

मुझे यह जानकर हैरानी हुई कि आपने मेरे बचाव-पक्ष के लिए स्पेशल ट्रिब्यूनल को एक आवेदन भेजा है। यह ख़बर इतनी यातनामय थी कि मैं इसे ख़ामोशी से बर्दाश्त नहीं कर सका। इस ख़बर ने मेरे भीतर की शान्ति भंग कर उथल-पुथल मचा दी है। मैं यह नहीं समझ सकता कि वर्तमान स्थितियों में और इस मामले पर आप किस तरह का आवेदन दे सकते हैं?

आपका पुत्र होने के नाते मैं आपकी पैतृक भावनाओं और इच्छाओं का पूरा सम्मान करता हूँ लेकिन इसके बावजूद मैं समझता हूँ कि आपको मेरे साथ सलाह-मशविरा किये बिना ऐसे आवेदन देने का कोई अधिकार नहीं था। आप जानते थे कि राजनैतिक क्षेत्र में मेरे विचार आपसे काफ़ी अलग हैं। मैं आपकी सहमति या असहमति का ख़याल किये बिना सदा स्वतन्त्रतापूर्वक काम करता रहा हूँ।

मुझे यक़ीन है कि आपको यह बात याद होगी कि आप आरम्भ से ही मुझसे यह बात मनवा लेने की कोशिशें करते रहे हैं कि मैं अपना मुक़दमा संजीदगी से लड़ूँ और अपना बचाव ठीक से प्रस्तुत करूँ, लेकिन आपको यह भी मालूम है कि मैं सदा इसका विरोध करता रहा हूँ। मैंने कभी भी अपना बचाव करने की इच्छा प्रकट नहीं की और न ही मैंने कभी इस पर संजीदगी से गौर किया है।

आप जानते हैं कि हम एक निश्चित नीति के अनुसार मुक़दमा लड़ रहे हैं। मेरा हर क़दम इस नीति, मेरे सिद्धान्तों और हमारे कार्यक्रम के अनुरूप होना चाहिए। आज स्थितियाँ बिलकुल अलग हैं। लेकिन अगर स्थितियाँ इससे कुछ और भी अलग होतीं तो भी मैं अन्तिम व्यक्ति होता जो बचाव प्रस्तुत करता। इस पूरे मुक़दमे में मेरे सामने एक ही विचार था और वह यह कि हमारे विरुद्ध जो संगीन आरोप लगाये गए हैं, बावजूद उनके हम पूर्णतया इस सम्बन्ध में अवहेलना का व्यवहार करें। मेरा नज़रिया यह रहा है कि सभी राजनैतिक कार्यकर्ताओं को ऐसी स्थितियों में उपेक्षा दिखानी चाहिए और उनको जो भी कठोरतम सज़ा दी जाए, वह उन्हें हँसते-हँसते बर्दाश्त करनी चाहिए। इस पूरे मुक़दमे के दौरान हमारी योजना इसी सिद्धान्त के अनुरूप रही है। हम ऐसा करने में सफल हुए या नहीं, यह फ़ैसला करना मेरा काम नहीं। हम ख़ुदगर्ज़ी को त्यागकर अपना काम कर रहे हैं।

वायसराय ने लाहौर साजिश केस आर्डिनेंस जारी करते हुए इसके साथ जो वक्तव्य दिया था, उसमें उन्होंने कहा था कि इस साजिश के मुज़रिम शान्ति व्यवस्था को समाप्त करने के प्रयास कर रहे हैं। इससे जो हालात पैदा हुए उसने हमें यह मौका दिया कि हम जनता के समक्ष यह बात प्रस्तुत करें कि वह स्वयं देख ले कि शान्ति-व्यवस्था एवं क़ानून समाप्त करने की कोशिशें हम कर रहे हैं या हमारे विरोधी? इस बात पर मतभेद हो सकते हैं। शायद आप भी उनमें से एक हों जो इस बात पर मतभेद रखते हैं लेकिन इसका मतलब यह नहीं कि आप मुझसे सलाह किए बिना मेरी ओर से ऐसे क़दम उठाएं। मेरी ज़िन्दगी इतनी क़ीमती नहीं जितनी कि आप सोचते हैं। कम-से-कम मेरे लिए तो इस जीवन की इतनी क़ीमत नहीं कि इसे सिद्धान्तों को कुर्बान करके बचाया जाए। मेरे अलावा मेरे और साथी भी हैं जिनके मुक़दमे इतने ही संगीन हैं जितना कि मेरा मुक़दमा। हमने एक संयुक्त योजना अपनायी है और उस योजना पर हम अन्तिम समय तक डटे रहेंगे। हमें इस बात की कोई परवाह नहीं कि हमें व्यक्तिगत रूप में इस बात के लिए कितना मूल्य चुकाना पड़ेगा।

पिता जी, मैं बहुत दुख का अनुभव कर रहा हूँ। मुझे भय है, आप पर दोषारोपण करते हुए या इससे बढ़कर आपके इस काम की निन्दा करते हुए मैं कहीं सभ्यता की सीमाएँ न लाँघ जाऊँ और मेरे शब्द ज़्यादा सख़्त न हो जायें।

लेकिन मैं स्पष्ट शब्दों में अपनी बात अवश्य कहूँगा। यदि कोई अन्य व्यक्ति मुझसे ऐसा व्यवहार करता तो मैं इसे गद्दारी से कम न मानता, लेकिन आपके सन्दर्भ में मैं इतना ही कहूँगा कि यह एक कमज़ोरी है- निचले स्तर की कमज़ोरी।

यह एक ऐसा समय था जब हम सबका इम्तिहान हो रहा था। मैं यह कहना चाहता हूँ कि आप इस इम्तिहान में नाकाम रहे हैं। मैं जानता हूँ कि आप भी इतने ही देशप्रेमी हैं, जितना कि कोई और व्यक्ति हो सकता है। मैं जानता हूँ कि आपने अपनी पूरी ज़िन्दगी भारत की आज़ादी के लिए लगा दी है, लेकिन इस अहम मोड़ पर आपने ऐसी कमज़ोरी दिखाई, यह बात मैं समझ नहीं सकता।

अन्त में मैं आपसे, आपके अन्य मित्रों एवं मेरे मुक़दमे में दिलचस्पी लेनेवालों से यह कहना चाहता हूँ कि मैं आपके इस क़दम को नापसन्द करता हूँ। मैं आज भी अदालत में अपना कोई बचाव प्रस्तुत करने के पक्ष में नहीं हूँ। अगर अदालत हमारे कुछ साथियों की ओर से स्पष्टीकरण आदि के लिए प्रस्तुत किए गए आवेदन को मंजूर कर लेती, तो भी मैं कोई स्पष्टीकरण प्रस्तुत न करता।

भूख हड़ताल के दिनों में ट्रिब्यूनल को जो आवेदन पत्र मैंने दिया था और उन दिनों में जो साक्षात्कार दिया था उन्हें ग़लत अर्थो में समझा गया है और अख़बारों में यह प्रकाशित कर दिया गया कि मैं अपना स्पष्टीकरण प्रस्तुत करना चाहता हूँ, हालाँकि मैं हमेशा स्पष्टीकरण प्रस्तुत करने के विरोध में रहा। आज भी मेरी वही मान्यता है जो उस समय थी।

बोर्स्टल जेल में बन्दी मेरे साथी इस बात को मेरी ओर से गद्दारी और विश्वासघात ही समझ रहे होंगे। मुझे उनके सामने अपनी स्थिति स्पष्ट करने का अवसर भी नहीं मिल सकेगा।

मैं चाहूँगा कि इस सम्बन्ध में जो उलझनें पैदा हो गयी हैं, उनके विषय में जनता को असलियत का पता चल जाए। इसलिए मैं आपसे प्रार्थना करता हूँ कि आप जल्द-से-जल्द यह चिट्ठी प्रकाशित कर दें।

आपका आज्ञाकारी,

भगतसिंह

क्रान्तिकारी कार्यक्रम का मसविदा
(फरवरी, 1931)

['नौजवान राजनीतिक कार्यकर्ताओं के नाम पत्र' शीर्षक के साथ मिले इस दस्तावेज़ के कई प्रारूप और हिन्दी अनुवाद उपलब्ध हैं, यह इसके सम्पूर्ण रूप का अंग्रेज़ी अनुवाद है। 'क़ौम के नाम सन्देश' के रूप में इसका एक संक्षिप्त रूप भी इस अनुभाग में संकलित है। लाहौर के पीपुल्स में 29 जुलाई, 1931 और इलाहाबाद के अभ्युदय में 8 मई, 1931 के अंक में इसके कुछ अंश प्रकाशित हुए थे। यह दस्तावेज़ अंग्रेज़ सरकार की एक गुप्त पुस्तक 'बंगाल में संयुक्त मोर्चा आन्दोलन की प्रगति पर नोट' से प्राप्त हुआ, जिसका लेखक एक सी. आई. डी. अधिकारी सी. ई. एस. फेयरवेदर था और जो उसने 1936 में लिखी थी। उसके अनुसार यह लेख भगतसिंह द्वारा लिखा गया था और 3 अक्तूबर, 1931को श्रीमती विमला प्रभादेवी के घर से तलाशी में बरामद हुआ था। यह पत्र/लेख भगतसिंह ने फाँसी से क़रीब डेढ़-दो महीने पहले, सम्भवत: 2 फरवरी, 1931, को जेल से ही लिखा था।]

नौजवान राजनीतिक कार्यकर्ताओं के नाम पत्र

प्रिय साथियो,

इस समय हमारा आन्दोलन अत्यन्त महत्त्वपूर्ण दौर से गुज़र रहा है। एक साल के कड़े संघर्ष के बाद गोलमेज सम्मेलन ने हमारे सामने, संवैधानिक सुधारों-सम्बन्धी कुछ निश्चित बातें प्रस्तुत की हैं और कांग्रेसी नेताओं से कहा गया है कि वर्तमान परिस्थितियों में अपना आन्दोलन वापस लेकर इसमें मदद करें। इस बात का हमारे लिए कोई महत्त्व नहीं है कि वे आन्दोलन समाप्त करने का निर्णय करते हैं या नहीं करते। यह तो निश्चित है कि वर्तमान आन्दोलन का अन्त किसी न किसी तरह के समझौते के रूप में होगा। यह बात अगल है कि समझौता जल्द होता है या देर से। वास्तव में समझौता कोई घटिया या घृणित वस्तु नहीं है, जैसाकि प्राय: समझा जाता है। राजनीतिक संघर्षों का यह एक ज़रूरी दाँव पेंच है। कोई भी राष्ट्र जो अत्याचारी शासकों के ख़िलाफ़ उठ खड़ा होता है, शुरू में अवश्य असफल रहता है। संघर्ष के बीच में समझौते द्वारा कुछ आधे-अधूरे सुध

ार हासिल करता है और सिर्फ अन्तिम दौर में ही–जब सभी शक्तियाँ और साधन पूरी तरह संगठित हो जाते हैं–शासक वर्ग को नष्ट करने के लिए आख़िरी ज़ोरदार हमला किया जा सकता है। लेकिन यह भी सम्भव है कि तब भी असफलता हाथ लगे और किसी प्रकार का समझौता अनिवार्य हो जाये। रूस के उदाहरण से यह बात अच्छी तरह स्पष्ट की जा सकती है।

1905 में जब रूस में क्रान्तिकारी आन्दोलन शुरू हुआ तो राजनीतिक नेताओं को बड़ी आशाएँ थीं। लेनिन तब विदेश से, जहाँ वे शरण लिये हुए थे, लौट आये थे और संघर्ष का नेतृत्व कर रहे थे। लोग उन्हें यह बताने पहुँचे कि दर्जनों ज़ागीरदार मार दिये गये हैं और बीसियों महल जला दिये गये हैं। लेनिन ने उत्तर में कहा कि लौटकर 1200 ज़ागीरदार मारो और इतने ही महल व हवेलियाँ जला दो, क्योंकि यदि असफल रहे तो भी इसका कुछ मतलब होगा। ड्यूमा (रूसी संसद) की स्थापना हुई। अब लेनिन ने ड्यूमा में हिस्सा लेने की वकालत की। यह 1907 की बात है, जबकि 1906 में वे पहली ड्यूमा में हिस्सा लेने के ख़िलाफ़ थे, बावजूद इसके कि उस ड्यूमा में काम करने का अवसर अधिक था और इस ड्यूमा के अधिकार अत्यन्त सीमित कर दिये गये थे। वह फ़ैसला बदली हुई परिस्थितियों के कारण था। अब प्रतिक्रियावादी शक्तियाँ बहुत बढ़ रही थीं और लेनिन ड्यूमा के मंच को समाजवादी विचारों पर बहस के लिए इस्तेमाल करना चाहते थे।

पुनः 1917 की क्रान्ति के बाद, जब बोल्शेविक ब्रेश्त-लितोव्स्क सन्धि पर हस्ताक्षर करने के लिए विवश हुए तो सिवाय लेनिन के बाक़ी सभी इसका विरोध कर रहे थे। लेकिन लेनिन ने कहा, "शान्ति, शान्ति और पुनः शान्ति! किसी भी क़ीमत पर शान्ति होनी चाहिए।" जब कुछ बोल्शेविक-विरोधियों ने इस सन्धि के लिए लेनिन की निन्दा की तो उन्होंने स्पष्ट कहा कि "बोल्शेविक जर्मन हमले का सामना करने की सामर्थ्य नहीं रखते, इसीलिए सम्पूर्ण तबाही की जगह सन्धि को प्राथमिकता दी गयी है।"

जो बात मैं स्पष्ट करना चाहता हूँ वह यह है कि समझौता एक ऐसा ज़रूरी हथियार है, जिसे संघर्ष के विकास के साथ ही साथ इस्तेमाल करना ज़रूरी बन जाता है, लेकिन जिस चीज़ का हमेशा ध्यान रहना चाहिए वह है आन्दोलन का उद्देश्य। जिन उद्देश्यों की प्राप्ति के लिए हम संघर्ष कर रहे हैं, उनके बारे में हमें पूरी तरह स्पष्ट होना चाहिए। इस बात से अपने आन्दोलन की उपलब्धियों, सफलताओं व असफलताओं को आँकने में हमें सहायता मिलती है और अगला कार्यक्रम बनाने व तय करने में भी। तिलक की नीति–उनके उद्देश्यों के बावजूद–यानी उनके दाँव-पेंच बहुत अच्छे थे। आप अपने शत्रु से सोलह आना

पाने के लिए लड़ रहे हैं। आपको एक आना मिलता है, उसे जेब में डालिए और बाक़ी के लिए संघर्ष जारी रखिए। नर्म दल के लोगों में जिस चीज़ की कमी हम देखते हैं वह उनके आदर्श की है। वे इकन्नी के लिए लड़ते हैं और इसलिए उन्हें मिल ही कुछ नहीं सकता। क्रान्तिकारियों को यह बात हमेशा अपने मन में रखनी चाहिए कि वे आमूल परिवर्तन लाने वाली क्रान्ति के लिए लड़ रहे हैं। उन्हें ताकत की बागडोर पूरी तरह अपने हाथों में लेनी है। समझौतों से इसलिए डर महसूस होता है, क्योंकि प्रतिक्रियावादी शक्तियाँ समझौते के बाद क्रान्तिकारी शक्तियों को समाप्त करवाने की कोशिशें करती हैं लेकिन समझदार और बहादुर क्रान्तिकारी नेता, आन्दोलन को ऐसे गड्ढों में गिरने से बचा सकते हैं। हमें ऐसे समय और ऐसे मोड़ पर वास्तविक मुद्दों और विशेषत: उद्देश्यों-सम्बन्धी कुछ गड़बड़ नहीं होने देनी चाहिए। इंग्लैण्ड की लेबर पार्टी ने वास्तविक संघर्ष से धोखा किया है और वे (उसके नेता) सिर्फ़ कुटिल साम्राज्यवादी बनकर रह गये हैं।

मेरे विचार में इन रंगे हुए साम्राज्यवादी लेबर नेताओं से कट्टर प्रतिक्रियावादी हमारे लिए बेहतर हैं। दाँव-पेंचों और रणनीति-सम्बन्धी लेनिन के जीवन और लेखन पर हमें विचार करना चाहिए। समझौते के मामले पर 'वामपंथी कम्युनिज़्म' में उनके स्पष्ट विचार मिलते हैं।

कांग्रेस का उद्देश्य क्या है?

मैंने कहा है कि वर्तमान आन्दोलन किसी न किसी समझौते या पूर्ण असफलता में समाप्त होगा।

मैंने यह इसलिए कहा है क्योंकि मेरी राय में इस समय वास्तविक क्रान्तिकारी ताकतें मैदान में नहीं हैं। यह संघर्ष मध्यवर्गीय दुकानदारों और चंद पूँजीपतियों के बलबूते किया जा रहा है। यह दोनों वर्ग, विशेषत: पूँजीपति, अपनी सम्पत्ति या मिल्कियत ख़तरे में डालने की जुर्रत नहीं कर सकते। वास्तविक क्रान्तिकारी सेनाएँ तो गाँवों और कारखानों में हैं– किसान और मज़दूर। लेकिन हमारे 'बुर्जुआ' नेताओं में उन्हें साथ लेने की हिम्मत नहीं है, न ही वे ऐसी हिम्मत कर सकते हैं। यह सोये हुए सिंह यदि एक बार गहरी नींद से जग गये तो वे हमारे नेताओं की लक्ष्य-पूर्ति के बाद भी रुकने वाले नहीं हैं। 1920 में अहमदाबाद के मज़दूरों के साथ अपने प्रथम अनुभव के बाद महात्मा गाँधी ने कहा था, "हमें मज़दूरों के साथ साँठ-गाँठ नहीं करना चाहिए। कारखानों के सर्वहारा वर्ग का राजनीतिक हितों के लिए इस्तेमाल करना खतरनाक है।" (मई, 1921 के 'दि टाइम्स') से। तब से उन्होंने इस वर्ग को साथ लेने का कष्ट नहीं उठाया। यही हाल किसानों के साथ है। 1922 का बारदोली-सत्याग्रह पूरी तरह यह स्पष्ट करता है कि नेताओं ने

जब किसान वर्ग के उस विद्रोह को देखा, जिसे न सिर्फ विदेशी राष्ट्र के प्रभुत्व से ही मुक्ति हासिल करनी थी वरन देशी ज़मींदारों की जंजीरें भी तोड़ देनी थीं, तो कितना ख़तरा महसूस किया था।

यही कारण है कि हमारे नेता किसानों के आगे झुकने की जगह अंग्रेजों के आगे घुटने टेकना पसन्द करते हैं। पण्डित जवाहर लाल को छोड़ दें तो क्या आप किसी नेता का नाम ले सकते हैं, जिसने मज़दूरों या किसानों को संगठित करने की कोशिश की हो। नहीं, वे ख़तरा मोल नहीं लेंगे। यही तो उनमें कमी है, इसलिए मैं कहता हूँ कि वे सम्पूर्ण आज़ादी नहीं चाहते। आर्थिक और प्रशासकीय दबाव डालकर वे चन्द और सुधार, यानी भारतीय पूँजीपतियों के लिए चंद और रियायतें हासिल करना चाहेंगे। इसीलिए मैं कहता हूँ कि इस आन्दोलन का बेड़ा तो डूबेगा ही– शायद किसी न किसी समझौते या ऐसी किसी चीज़ के बिना ही। नवयुवक कार्यकर्ता, जो पूरी तनदेही से 'इन्कलाब ज़िन्दाबाद' के नारे लगाते हैं, स्वयं पूरी तरह संगठित नहीं हैं और अपना आन्दोलन आगे ले जाने की ताकत नहीं रखते हैं। वास्तव में पण्डित मोतीलाल नेहरू के सिवाय हमारे बड़े नेता कोई ज़िम्मेदारी नहीं लेना चाहते। यही कारण है कि वे हर बार गाँधी के आगे बिना शर्त घुटने टेक देते हैं। अलग राय होने पर भी वे पूरे जोर से विरोध नहीं करते और गाँधी के कारण प्रस्ताव पास कर दिए जाते हैं।

ऐसी परिस्थितियों में, क्रान्ति के प्रति पूरी संजीदगी रखने वाले नौवजान कार्यकर्ताओं को मैं चेतावनी देना चाहता हूँ कि कठिन समय आ रहा है, वे चौकस रहें, हिम्मत न हारें और उलझनों में न फँसे। 'महान गाँधी' के दो संघर्षों के अनुभवों के बाद हम आज की परिस्थिति व भविष्य के कार्यक्रम के बारे में स्पष्ट राय बना सकते हैं। अब मैं बिलकुल सादे ढंग से यह केस बताता हूँ। आप 'इन्कलाब-ज़िन्दाबाद' का नारा लगाते हो। मैं यह मानकर चलता हूँ कि आप इसका मतलब समझते हो। असेम्बली बम केस में दी गयी हमारी परिभाषा के अनुसार, इन्कलाब का अर्थ– मौजूदा सामाजिक ढाँचे में पूर्ण परिवर्तन और समाजवाद की स्थापना है। इस लक्ष्य के लिए हमारा पहला क़दम ताकत हासिल करना है। वास्तव में 'राज्य', यानी सरकारी मशीनरी, शासक वर्ग के हाथों में अपने हितों की रक्षा करने और उन्हें आगे बढ़ाने का यंत्र ही है। हम इस यंत्र को छीनकर अपने आदर्शों की पूर्ति के लिए इस्तेमाल करना चाहते हैं। हमारा आदर्श है– नये ढंग से सामाजिक संरचना, यानी मार्क्सवादी ढंग से। इसी लक्ष्य के लिए हम सरकारी मशीनरी का इस्तेमाल करना चाहते हैं। जनता को लगातार शिक्षा देते रहना है ताकि अपने सामाजिक कार्यक्रम की पूर्ति के लिए अनुकूल व सुविधाजनक वातावरण बनाया जा सके। हम उन्हें संघर्षों के दौरान ही अच्छा प्रशिक्षण और शिक्षा दे सकते हैं।

इन बातों के बारे में स्पष्टता, यानी हमारे फौरी और अन्तिम लक्ष्य को स्पष्टता से समझने के बाद हम आज की परिस्थिति का विश्लेषण कर सकते हैं। किसी भी स्थिति का विश्लेषण करते समय हमें हमेशा बिलकुल बेझिझक, बेलाग या व्यावहारिक होना चाहिए।

हम जानते हैं कि जब भारत सरकार में भारतीयों की हिस्सेदारी को लेकर हल्ला हुआ था तो मिण्टो-मार्ले सुधार लागू हुए थे, जिनके द्वारा केवल सलाह देने का अधिकार रखने वाली वायसराय-परिषद बनायी गयी थी।

विश्वयुद्ध के दौरान जब भारतीय सहायता की अत्यन्त आवश्यकता थी तो स्वायत्त-शासनवाली सरकार का वायदा किया गया और मौजूदा सुधार लागू किये गये। असेम्बली को कुछ सीमित क़ानून बनाने की ताकत दी गयी, लेकिन सब कुछ वायसराय की खुशी पर निर्भर है। अब तीसरी स्टेज है।

अब सुधारों-सम्बन्धी विचार हो रहा है और निकट भविष्य में ये लागू होंगे। अब नौजवान इनकी परीक्षा कैसे कर सकते हैं? यह एक सवाल है। मैं नहीं जानता कि कांग्रेसी नेता कैसे उनकी परख करेंगे? लेकिन हम क्रान्तिकारी इन्हें निम्नलिखित कसौटी पर परखेंगे–

1. किसी सीमा तक शासन की ज़िम्मेदारी भारतीयों को सौंपी जाती है?
2. शासन चलाने के लिए किस तरह की सरकार बनायी जाती है और सामान्य जनता को इसमें हिस्सा लेने का कहाँ तक अवसर मिलता है?
3. भविष्य में क्या सम्भावनाएँ हो सकती हैं और इन उपलब्धियों को किस प्रकार बचाया जा सकता है?

इसके लिए शायद कुछ और स्पष्टीकारण की ज़रूरत हो। पहली बात यह है कि हमारी जनता के प्रतिनिधियों को कार्यपालिका पर कितना अधिकार और ज़िम्मेदारी हासिल होती है। अब तक कार्यपालिका को लेजिस्लेटिव असेम्बली के सामने उत्तरदायी नहीं बनाया गया है। वायसराय के पास वीटो की ताकत है, जिससे चुने हुए प्रतिनिधियों की सारी कोशिशें बेअसर और ठप्प कर दी जाती हैं।

हम स्वराज्य पार्टी के शुक्रगुज़ार हैं जिनकी कोशिशों से वायसराय ने अपनी इस ताकत का बड़ी बेशर्मी से बार-बार इस्तेमाल किया और राष्ट्रीय प्रतिनिधियों के मर्यादा भरे निर्णय पाँव तले कुचल दिये। यह बात पूरी तरह स्पष्ट है और इस पर और बहस की ज़रूरत नहीं है।

आइए, सबसे पहले कार्यकारिणी की स्थापना के ढंग पर विचार करें? क्या कार्यकारिणी को असेम्बली के चुने हुए सदस्य चुनते हैं या पहले की ही तरह ऊपर से थोपी जायेगी? क्या यह असेम्बली के आगे उत्तरदायी होगी या पहले की ही तरह असेम्बली का अपमान करेगी?

जहाँ तक दूसरी बात का सम्बन्ध है, उसे हम वयस्क मताधिकार की सम्भावना से देख सकते हैं। सम्पत्ति होने की धारा को पूरी तरह समाप्त कर व्यापक मताधिकार दिये जाने चाहिए। हर वयस्क स्त्री-पुरुष को वोट का अधि कार मिलना चाहिए। अब तो सिर्फ़ यह देख सकते हैं कि मताधिकार किस सीमा तक दिये जाते हैं।

जहाँ तक व्यवस्था का प्रश्न है, अभी दो सभाओं वाली सरकार है। मेरे ख़याल में उच्च सभा बुर्जुआ भ्रमजाल या बहकावे के अतिरिक्त कुछ नहीं। मेरी समझ से जहाँ तक उम्मीद की जा सके, एक सभा वाली सरकार अच्छी है।

यहाँ मैं प्रान्तीय स्वायत्तता के बारे में कुछ कहना चाहता हूँ। जो कुछ मैंने सुना है, उसके आधार पर मैं यह कह सकता हूँ कि ऊपर थोपा हुआ गवर्नर, जिसके पास असेम्बली से ऊपर विशेष अधिकार होंगे, तानाशाह से कम सिद्ध नहीं होगा। हम इसे प्रान्तीय स्वायत्तता न कहकर प्रान्तीय अत्याचार कहें। राज्य की संस्थाओं का यह अजीब लोकतान्त्रीकरण है।

तीसरी बात तो बिलकुल स्पष्ट है। पिछले दो साल से अंग्रेज़ राजनीतिज्ञ उस वायदे को मिटाने में लगे हैं, जिसे मोंटेग्यू ने यह कह कर दिया था कि जब तक अंग्रेज़ी ख़जाने में दम है, प्रत्येक दस वर्ष पर और सुधार किये जाते रहेंगे।

हम देख सकते हैं कि उन्होंने भविष्य के लिए क्या फ़ैसला किया है। मैं यह बात स्पष्ट कर दूँ कि हम इन बातों का विश्लेषण इसलिए नहीं कर रहे कि उपलब्धियों पर जश्न मनाये जायें, वरन इसलिए कि जनता में जागृति लायी जा सके और उन्हें आनेवाले संघर्षों के लिए तैयार किया जा सके। हमारे लिए समझौता घुटने टेकना नहीं है, बल्कि एक क़दम बढ़ाना और फिर कुछ आराम करना है।

लेकिन इसके साथ ही हमें यह भी समझ लेना चाहिए कि समझौता इससे अधिक कुछ और है भी नहीं। यह अन्तिम लक्ष्य और अन्तिम विश्राम की जगह नहीं है। वर्तमान परिस्थिति पर कुछ हद तक विचार करने के बाद भविष्य के कार्यक्रम और कार्यनीति पर भी विचार कर लिया जाये।

जैसाकि मैंने पहले भी कहा है कि किसी क्रान्तिकारी पार्टी के लिए निश्चित कार्यक्रम होना बहुत ज़रूरी है। आपको यह पता होना चाहिए कि क्रान्ति का मतलब गतिविधि है। इसका मतलब संगठित व क्रमबद्ध काम द्वारा सोची-समझी तब्दीली लाना है और यह तोड़-फोड़ असंगठित, एकदम या स्वतः परिवर्तन के विरुद्ध है। कार्यक्रम बनाने के लिए अनिवार्य रूप से इन बातों के अध्ययन की ज़रूरत है–

1. मंजिल (लक्ष्य) या उद्देश्य।
2. आधार, जहाँ से शुरू करना है, यानी वर्तमान परिस्थिति।
3. कार्यरूप, यानी साधन व दाँव-पेंच।

जब तक इन तत्त्वों के सम्बन्ध में कुछ स्पष्ट संकल्प नहीं है, तब तक कार्यक्रम-सम्बन्धी कोई विचार सम्भव नहीं।

वर्तमान परिस्थिति पर हम कुछ हद तक विचार कर चुके हैं, लक्ष्य-सम्बन्धी भी कुछ चर्चा हुई है। हम समाजवादी क्रान्ति चाहते हैं, जिसके लिए बुनियादी ज़रूरत राजनीतिक क्रान्ति की है। यही है जो हम चाहते हैं। राजनीतिक क्रान्ति का अर्थ राजसत्ता (यानी मोटे तौर पर ताकत) का अंग्रेज़ी हाथों में से भारतीय हाथों में आना है और वह भी उन भारतीयों के हाथों में, जिनका अन्तिम लक्ष्य हमारे लक्ष्य से मिलता हो। और स्पष्टता से कहें तो– राजसत्ता का सामान्य जनता की कोशिश से क्रान्तिकारी पार्टी के हाथों में आना। इसके बाद पूरी संजीदगी से पूरे समाज को समाजवादी दिशा में ले जाने के लिए जुट जाना होगा। यदि क्रान्ति से आपका यह अर्थ नहीं है तो महाशय, मेहरबानी करें और 'इन्कलाब ज़िन्दाबाद' के नारे लगाने बन्द कर दें। कम से कम हमारे लिए 'क्रान्ति' शब्द में बहुत ऊँचे विचार निहित हैं और इसका प्रयोग बिना संजीदगी के नहीं करना चाहिए, नहीं तो इसका दुरुपयोग होगा। लेकिन यदि आप कहते हैं कि आप राष्ट्रीय क्रान्ति चाहते हैं जिसका लक्ष्य भारतीय गणतन्त्र की स्थापना है तो मेरा प्रश्न यह है कि उसके लिए आप, क्रान्ति में सहायक होने के लिए, किन शक्तियों पर निर्भर कर रहे हैं? क्रान्ति राष्ट्रीय हो या समाजवादी, जिन शक्तियों पर हम निर्भर हो सकते हैं– वे हैं किसान और मज़दूर। कांग्रेसी नेताओं में इन्हें संगठित करने की हिम्मत नहीं है, इस आन्दोलन में यह आपने स्पष्ट देख लिया है। किसी और से अधिक उन्हें इस बात का अहसास है कि इन शक्तियों के बिना वे विवश हैं। जब उन्होंने सम्पूर्ण आज़ादी का प्रस्ताव पास किया तो इसका अर्थ क्रान्ति ही था, पर इनका (कांग्रेस का) मतलब यह नहीं था। इसे नौजवान कार्यकर्ताओं के दबाव में पास किया गया था और इसका इस्तेमाल वे धमकी के रूप में करना चाहते थे, ताकि अपना मनचाहा डोमिनियन स्टेट्स में हासिल कर सकें। आप कांग्रेस के पिछले तीनों अधिवेशनों के प्रस्ताव पढ़कर उस सम्बन्ध में ठीक राय बना सकते हैं। मेरा इशारा मद्रास, कलकत्ता व लाहौर अधिवेशनों की ओर है। कलकत्ता में डोमिनियन स्टेट्स की माँग का प्रस्ताव पास किया गया। 12 महीने के भीतर इस माँग को स्वीकार करने के लिए कहा गया और यदि ऐसा न किया गया तो कांग्रेस मज़बूर होकर पूर्ण आज़ादी को अपना उद्देश्य बना लेगी। पूरी संजीदगी से वे 31 दिसम्बर, 1929 की आधी रात तक इस तोहफ़े को प्राप्त करने का इंतज़ार करते रहे और तब उन्होंने पूर्ण आज़ादी का प्रस्ताव मानने के लिए स्वयं को 'वचनबद्ध' पाया, जो कि वे चाहते नहीं थे। और तब भी महात्मा जी ने यह बात छिपाकर नहीं रखी कि बातचीत के दरवाज़े खुले हैं। यह था इसका वास्तविक आशय। बिलकुल

शुरू से ही वे जानते थे कि उनके आन्दोलन का अन्त किसी न किसी तरह के समझौते में होगा। इस बेदिली से हम नफ़रत करते हैं न कि संघर्ष के किसी मसले पर समझौते से।

हम इस बात पर विचार कर रहे थे कि क्रान्ति किन-किन ताकतों पर निर्भर है? लेकिन यदि आप सोचते हैं कि किसानों और मज़दूरों को सक्रिय हिस्सेदारी के लिए आप मना लेंगे तो मैं बताना चाहता हूँ वे कि किसी प्रकार की भावुक बातों से बेवकूफ़ नहीं बनाये जा सकते। वे साफ़-साफ़ पूछेंगे कि उन्हें आपकी क्रान्ति से क्या लाभ होगा, वह क्रान्ति जिसके लिए आप उनके बलिदान की माँग कर रहे हैं। भारत सरकार का प्रमुख लार्ड रीडिंग की जगह यदि सर पुरुषोत्तम दास ठाकुर दास हो तो उन्हें (जनता को) इससे क्या फ़र्क़ पड़ता है? एक किसान को इससे क्या फ़र्क़ पड़ेगा, यदि लार्ड इरविन को जगह सर तेज बहादुर सप्रू आ जायें। राष्ट्रीय भावनाओं की अपील बिलकुल बेकार हैं। उसे आप अपने काम के लिए 'इस्तेमाल' नहीं कर सकते। आपको गम्भीरता से काम लेना होगा और उन्हें समझाना होगा कि क्रान्ति उनके हित में है और उनकी अपनी है। सर्वहारा श्रमिक वर्ग की क्रान्ति, सर्वहारा के लिए।

जब आप अपने लक्ष्य के बारे में स्पष्ट अवधारणा बना लेंगे तो ऐसे उद्देश्य की पूर्ति के लिए आप अपनी शक्ति संजोने में जुट जायेंगे। अब दो अलग-अलग पड़ावों से गुज़रना होगा– पहला तैयारी का पड़ाव, दूसरा उसे कार्यरूप देने का।

जब यह वर्तमान आन्दोलन ख़त्म होगा तो आप अनेक ईमानदार व गम्भीर क्रान्तिकारी कार्यकर्ताओं को निराश व उचाट पायेंगे। लेकिन आपको घबराने की ज़रूरत नहीं है। भावुकता एक ओर रखो। वास्तविकता का सामना करने के लिए तैयार होओ। क्रान्ति करना बहुत कठिन काम है। यह किसी एक आदमी की ताकत के वश की बात नहीं है और न ही यह किसी निश्चित तारीख़ को आ सकती है। यह तो विशेष सामाजिक-आर्थिक परिस्थितियों से पैदा होती है और एक संगठित पार्टी को ऐसे अवसर को सम्भालना होता है और जनता को इसके लिए तैयार करना होता है। क्रान्ति के दुस्साध्य कार्य के लिए सभी शक्तियों को संगठित करना होता है। इस सबके लिए क्रान्तिकारी कार्यकर्ताओं को अनेक कुर्बानियाँ देनी होती हैं। यहाँ मैं यह स्पष्ट कह दूँ कि यदि आप व्यापारी हैं या सुस्थिर दुनियादार या पारिवारिक व्यक्ति हैं तो महाशय! इस आग से न खेलें। एक नेता के रूप में आप पार्टी के किसी काम के नहीं हैं। पहले ही हमारे पास ऐसे बहुत से नेता हैं जो शाम के समय भाषण देने के लिए कुछ वक्त ज़रूर निकाल लेते हैं। ये नेता हमारे किसी काम के नहीं हैं। हम तो लेनिन के अत्यन्त प्रिय शब्द 'पेशेवर

क्रान्तिकारी' का प्रयोग करेंगे। पूरा समय देने वाले कार्यकर्ता, क्रान्ति के सिवाय जीवन में जिनकी और कोई ख़्वाहिश ही न हो। जितने अधिक ऐसे कार्यकर्ता पार्टी में संगठित होंगे, उतने ही सफलता के अवसर अधिक होंगे।

पार्टी को ठीक ढंग से आगे बढ़ाने के लिए जिस बात की सबसे अधिक ज़रूरत है वह यह है कि ऐसे कार्यकर्ता स्पष्ट विचार, प्रत्यक्ष समझदारी, पहलक़दमी की योग्यता और तुरन्त निर्णय कर सकने की शक्ति रखते हों। पार्टी में फ़ौलादी अनुशासन होगा और यह ज़रूरी नहीं कि पार्टी भूमिगत रहकर ही काम करे, बल्कि इसके विपरीत खुले रूप में काम कर सकती है, यद्यपि स्वेच्छा से जेल जाने की नीति पूरी तरह छोड़ दी जानी चाहिए। इस तरह बहुत से कार्यकर्ताओं को गुप्त रूप से काम करते जीवन बिताने की भी ज़रूरत पड़ सकती है, लेकिन उन्हें उसी तरह से पूरे उत्साह से काम करते रहना चाहिए और यही है वह ग्रुप जिससे अवसर सम्भाल सकने वाले नेता तैयार होंगे।

पार्टी को कार्यकर्ताओं की ज़रूरत होगी, जिन्हें नौजवानों के आन्दोलनों से भरती किया जा सकता है। इसीलिए नवयुवकों के आन्दोलन सबसे पहली मंजिल हैं, जहाँ से हमारा आन्दोलन शुरू होगा। युवक आन्दोलन को अध्ययन-केन्द्र (स्टडी सर्किल) खोलने चाहिए। लीफलेट, पैम्फलेट, पुस्तकें, मैगजीन छपने चाहिए। क्लासों में लेक्चर होने चाहिए। राजनीतिक कार्यकर्ताओं के लिए भरती करने और प्रशिक्षण देने की यह सबसे अच्छी जगह होगी।

उन नौजवानों को पार्टी में ले लेना चाहिए, जिनके विचार विकसित हो चुके हैं और वे अपना जीवन इस काम में लगाने के लिए तैयार हैं। पार्टी कार्यकर्ता नवयुवक आन्दोलन के काम को दिशा देंगे। पार्टी अपना काम प्रचार से शुरू करेगी। यह अत्यन्त आवश्यक है। ग़दर पार्टी (1914-15) के असफल होने का मुख्य कारण था– जनता की अज्ञानता, लगावहीनता और कई बार विरोध। इसके अतिरिक्त किसानों और मज़दूरों का सक्रिय समर्थन हासिल करने के लिए भी प्रचार ज़रूरी है। पार्टी का नाम कम्युनिस्ट पार्टी हो। ठोस अनुशासन वाली राजनीतिक कार्यकर्ताओं की यह पार्टी बाक़ी सभी आन्दोलन चलायेगी। इसे मज़दूरों व किसानों की तथा अन्य पार्टियों का संचालन भी करना होगा और लेबर यूनियन कांग्रेस तथा इस तरह की अन्य राजनीतिक संस्थाओं पर प्रभावी होने की कोशिश भी पार्टी करेगी। पार्टी एक बड़ा प्रकाशन-अभियान चलायेगी जिससे राष्ट्रीय चेतना ही नहीं, वर्ग चेतना भी पैदा होगी। समाजवादी सिद्धान्तों के सम्बन्ध में जनता को सचेत बनाने के लिए सभी समस्याओं की विषयवस्तु प्रत्येक व्यक्ति की समझ में आनी चाहिए और ऐसे प्रकाशनों को बड़े पैमाने पर वितरित किया जाना चाहिए। लेखन सादा और स्पष्ट हो।

मज़दूर आन्दोलन में ऐसे व्यक्ति हैं जो मज़दूरों और किसानों की आर्थिक और राजनीतिक स्वतन्त्रता के बारे में बड़े अजीब विचार रखते हैं। ये लोग उत्तेजना फैलाने वाले हैं या बौखलाये हुए हैं। ऐसे विचार या तो ऊलजलूल हैं या कल्पनाहीन। हमारा मतलब जनता की आर्थिक स्वतन्त्रता से है और इसी के लिए हम राजनीतिक ताकत हासिल करना चाहते हैं। इसमें कोई सन्देह नहीं कि शुरू में छोटी–मोटी आर्थिक माँगों और इन वर्गों के विशेष अधिकारों के लिए हमें लड़ना होगा। यही संघर्ष उन्हें राजनीतिक ताकत हासिल करने के अन्तिम संघर्ष के लिए सचेत व तैयार करेगा।

इसके अतिरिक्त सैनिक विभाग संगठित करना होगा। यह बहुत महत्त्वपूर्ण है। कई बार इसकी बुरी तरह ज़रूरत होती है। उस समय शुरू करके आप ऐसा ग्रुप तैयार नहीं कर सकते जिसके पास काम करने की पूरी ताकत हो। शायद इस विषय को बारीक़ी से समझाना ज़रूरी है। इस विषय पर मेरे विचारों को ग़लत रंग दिये जाने की बहुत अधिक सम्भावना है। ऊपरी तौर पर मैंने एक आतंकवादी की तरह काम किया है, लेकिन मैं आतंकवादी नहीं हूँ। मैं एक क्रान्तिकारी हूँ, जिसके दीर्घकालिक कार्यक्रम–सम्बन्धी ठोस व विशिष्ट विचार हैं जिन पर यहाँ विचार किया जा रहा है। 'शस्त्रों के साथी' मेरे कुछ साथी मुझे रामप्रसाद बिस्मिल की तरह इस बात के लिए दोषी ठहरायेंगे कि फाँसी की कोठरी में रहकर मेरे भीतर कुछ प्रतिक्रिया पैदा हुई है। इसमें कुछ भी सच्चाई नहीं है। मेरे विचार वही हैं, मुझमें वही दृढ़ता है और जो वही जोश व स्पिरिट मुझमें यहाँ है, जो बाहर थी– नहीं, उससे कुछ अधिक है। इसलिए अपने पाठकों को मैं चेतावनी देना चाहता हूँ कि मेरे शब्दों को वे पूरे ध्यान से पढ़ें।

उन्हें पंक्तियों के बीच कुछ भी नहीं देखना चाहिए। मैं अपनी पूरी ताकत से यह कहना चाहता हूँ कि क्रान्तिकारी जीवन के शुरू के चंद दिनों के सिवाय न तो मैं आतंकवादी हूँ और न ही था; और मुझे पूरा यकीन है कि इस तरह के तरीकों से हम कुछ भी हासिल नहीं कर सकते। हिन्दुस्तान समाजवादी रिपब्लिकन पार्टी के इतिहास से यह बिलकुल स्पष्ट हो जाता है। हमारे सभी काम इसी दिशा में थे, यानी बड़े राष्ट्रीय आन्दोलन के सैनिक विभाग की जगह अपनी पहचान करवाना। यदि किसी ने मुझे ग़लत समझ लिया है तो वे सुधार कर लें। मेरा मतलब यह कदापि नहीं है कि बम व पिस्तौल बेकार हैं, वरन् इसके विपरीत, ये लाभदायक हैं। लेकिन मेरा मतलब यह ज़रूर है कि केवल बम फेंकना न सिर्फ़ बेकार, बल्कि नुकसानदायक है। पार्टी के सैनिक विभाग को हमेशा तैयार रहना चाहिए, ताकि संकट के समय काम आ सके। इसे पार्टी के राजनीतिक काम में सहायक के रूप में होना चाहिए। यह अपने आप स्वतन्त्र काम न करे।

जैसे ऊपर इन पंक्तियों में बताया गया है, पार्टी अपने काम को आगे बढ़ाये। समय-समय पर मीटिंगें और सम्मेलन बुलाकर अपने कार्यकर्ताओं को सभी विषयों के बारे में सूचनाएँ और सजगता देते रहना चाहिए। यदि आप इस तरह से काम शुरू कराते हैं तो आपको काफ़ी गम्भीरता से काम लेना होगा। इस काम को पूरा होने में कम से कम बीस साल लगेंगे। क्रान्ति-सम्बन्धी यौवन काल के दस साल में पूरे होने के सपनों को एक ओर रख दें, ठीक वैसे ही जैसे गाँधी के (एक साल में स्वराज के) सपने को परे रख दिया था। न तो इसके लिए भावुक होने की ज़रूरत है और न ही यह सरल है। ज़रूरत है निरन्तर संघर्ष करने, कष्ट सहने और कुर्बानी भरा जीवन बिताने की। अपना व्यक्तिवाद पहले खत्म करो। व्यक्तिगत सुख के सपने उतारकर एक ओर रख दो और फिर काम शुरू करो। इंच-इंच कर आप आगे बढ़ेंगे। इसके लिए, हिम्मत, दृढ़ता और बहुत मज़बूत इरादे की ज़रूरत है। कितने ही भारी कष्ट, कठिनाइयाँ क्यों न हों, आपकी हिम्मत न काँपे। कोई भी पराजय या धोखा आपका दिल न तोड़ सके। कितने भी कष्ट क्यों न आयें, आपका क्रान्तिकारी जोश ठण्डा न पड़े। कष्ट सहने और कुर्बानी करने के सिद्धान्त से आप सफलता हासिल करेंगे और यह व्यक्तिगत सफलताएँ क्रान्ति की अमूल्य सम्पत्ति होगीं।

इन्कलाब-ज़िन्दाबाद!

2 फरवरी, 1931

हमारे लिए सुनहरा अवसर

भारत की स्वतन्त्रता अब शायद दूर का स्वप्न नहीं रहा। घटनाएँ बड़ी तेज़ी से घट रही हैं इसलिए स्वतन्त्रता अब हमारी आशाओं से भी जल्द ही एक सच्चाई बन जाएगी। ब्रिटिश साम्राज्य बुरी तरह लड़खड़ाया हुआ है। जर्मनी को मुँह की खानी पड़ रही है, फ्रांस थर-थर काँप रहा है और अमेरिका हिला हुआ है, और इन सबकी कठिनाइयाँ हमारे लिए सुनहरा अवसर हैं। प्रत्येक चीज़ उस महान भविष्यवाणी की ओर संकेत कर रही है, जिसके अनुसार समाज का पूँजीवादी ढाँचा नष्ट होना अटल है। कूटनीतिज्ञ लोग स्वयं को बचाने के लिए प्रयत्नशील हो सकते हैं और पूँजीवादी षड्यन्त्र से 'क्रान्ति के बाघ' को अपने घर से दूर रखने की कोशिशें कर सकते हैं। अंग्रेज़ों का बजट सन्तुलित हो सकता है और मृत्यु के मुँह में पड़े पूँजीवाद को कुछ पलों की राहत मिल सकती है। 'डालर राजा' चाहे अपना ताज संभाल ले तो भी व्यापक मंदी यदि जारी रही और जिसका जारी रहना लाज़िमी है, तो बेरोज़गारों की फ़ौज तेज़ी से बढ़ेगी और यह बढ़ भी रही है, क्योंकि पूँजीवादी उत्पादन-व्यवस्था ही ऐसी है। यह चक्कर पूँजीवादी व्यवस्था

को पटरी से उतार देगा। बस, बात कुछ महीनों की ही है। इसलिए क्रान्ति अब भविष्यवाणी या सम्भावना नहीं, वरन् 'व्यावहारिक राजनीति' है जिसे सोची-समझी योजना और कठोर अमल से सफल बनाया जा सकता है। इसके विभिन्न पहलुओं और तात्पर्य, इसके तरीकों और उद्देश्यों-सम्बन्धी कोई विचारधारात्मक उलझन नहीं होनी चाहिए।

गाँधीवाद

कांग्रेस आन्दोलन की सम्भावनाओं, पराजयों और उपलब्धियों के बारे में हमें किसी प्रकार का भ्रम नहीं होना चाहिए। आज चल रहे इस आन्दोलन को गाँध ीवाद कहना ही उचित है। यह दावे के साथ आज़ादी के लिए स्टैण्ड नहीं लेता, बल्कि सत्ता में 'हिस्सेदारी' के पक्ष में है। 'पूर्ण स्वतंत्रता' के अजीब अर्थ निकाले जा रहे हैं, इसका तरीका अनूठा है, लेकिन बेचारे लोगों के किसी काम का नहीं है। साबरमती के सन्त को गाँधीवाद कोई स्थायी शिष्य नहीं दे पायेगा। यह एक बीच की पार्टी-यानी लिबरल-रेडिकल मेल-जोल, का काम कर रही हैं और करती भी रही है। मौके की असलियत से टकराने में इसे शर्म आती है। इसे चलाने वाले देश के ऐसे ही लोग हैं जिनके हित इससे बँधे हुए हैं और वे अपने हितों के लिए बुर्जुआ हठ से चिपके हुए हैं। यदि क्रान्तिकारी रक्त से इसे गर्मजोशी न दी गयी तो इसका ठण्डा होना लाज़िमी है। इसे इसी के दोस्तों से बचाने की ज़रूरत है।

आतंकवाद

आइए, हम इस कठिन सवाल के बारे में स्पष्ट हों। बम का रास्ता 1905 से चला आ रहा है और क्रान्तिकारी भारत पर यह एक दर्दनाक टिप्पणी है। अभी यह महसूस नहीं किया गया कि इसका उपयोग व दुरुपयोग क्या है। आतंकवाद हमारे समाज में क्रान्तिकारी चिन्तन की पकड़ के अभाव की अभिव्यक्ति है; या एक पछतावा। इसी तरह ये अपनी असफलता का स्वीकार भी है। शुरू-शुरू में इसका कुछ लाभ था। इसने राजनीति को आमूल बदल दिया। नवयुवक बुद्धिजीवियों की सोच को चमकाया, आत्म-त्याग की भावना को ज्वलन्त रूप दिया और दुनिया व अपने दुश्मनों के सामने अपने आन्दोलन की सच्चाई और शक्ति को जाहिर करने का अवसर मिला। लेकिन यह स्वयं में पर्याप्त नहीं है। सभी देशों में इसका (आतंकवाद का) इतिहास असफलता का इतिहास है–फ्रांस, रूस, जर्मनी में, बाल्कन देशों, स्पेन में–हर जगह इसकी यही कहानी है। इसकी पराजय के बीज इसके भीतर ही होते हैं। साम्राज्यवादियों को अच्छी तरह पता है कि 30 करोड़ लोगों पर शासन के लिए प्रति वर्ष 30 व्यक्तियों की बलि दी जा सकती है। शासन करने का स्वाद बमों या पिस्तौलों से किरकिरा तो किया जा सकता है, लेकिन

शोषण के व्यावहारिक लाभ उसे बनाये रखने पर विवश करेंगे। भले ही हमारी उम्मीद के अनुसार हथियार आसानी से मिल जायें और यदि हम पूरे जोर से लड़ें, जैसा कि इतिहास में पहले कभी न घटा हो, तो भी आतंकवाद अधिक-से-अधिक साम्राज्यवादी ताकत को समझौते के लिए ही मज़बूर कर सकता है। ऐसे समझौते, हमारे उद्देश्य-पूर्ण आज़ादी से हमेशा ही कहीं दूर रहेंगे। इस प्रकार आतंकवाद, एक समझौता, सुधारों की एक किश्त निचोड़कर निकाल सकता है और इसे ही हासिल करने के लिए गाँधीवाद जोर लगा रहा है। वह चाहता है कि दिल्ली का शासन गोरे हाथों से भूरे हाथों में आ जाये। यह लोगों के जीवन से दूर हैं और इनके गद्दी पर बैठते ही जालिम बन जाने की बहुत सम्भावनाएँ हैं। आयरिश उदाहरण यहाँ लागू नहीं होगा, यह चेतावनी मैं देना चाहता हूँ। आयरलैण्ड में इक्की-दुक्की आतंकवादी कार्रवाइयाँ नहीं थीं, बल्कि यह राष्ट्रीय स्तर पर जनसाधारण की बगावत थी, जिसमें बन्दूकधारी अपनी नज़दीकी जानकारी और हमदर्दी से लोगों से जुड़ा हुआ था। उन्हें बड़ी आसानी से हथियार मिल जाते थे, क्योंकि अमेरिकी आयरिश उन्हें अथाह आर्थिक मदद दे रहे थे। भौगोलिक स्थिति भी ऐसे युद्ध के लिए लाभदायक थी। लेकिन तो भी आयरलैण्ड को अपने आन्दोलन के अपूर्ण उद्देश्यों के साथ ही सन्तोष करना पड़ा। इसने आयरिश जनता की ग़ुलामी तो कम की है, लेकिन आयरिश श्रमिक वर्ग को पूँजीपतियों के जंजाल से मुक्त नहीं करवाया। भारत को आयरलैण्ड से सीखना है। यह एक चेतावनी भी है कि किस प्रकार क्रान्तिकारी सामाजिक आधार से खाली राष्ट्रवादी आदर्शवाद, हालात के साजगार होने पर भी साम्राज्यवाद से समझौते की रेत में गुम हो सकता है। क्या भारत को अभी भी आयरलैण्ड की नकल करनी चाहिए– यदि वह की भी जा सके, तो भी?

एक प्रकार से गाँधीवाद अपना भाग्यवाद का विचार रखते हुए भी, क्रान्तिकारी विचारों के कुछ नज़दीक पहुँचने का यतन करता है, क्योंकि यह सामूहिक कार्रवाई पर निर्भर करता है, यद्यपि यह कार्रवाई समूह के लिए नहीं होती। उन्होंने मज़दूरों को आन्दोलन में भागीदार बनाकर उन्हें मज़दूर-क्रान्ति के रास्ते पर डाल दिया है। यह बात अलग है कि उन्हें कितनी असभ्यता या स्वार्थ से अपने राजनीतिक कार्यक्रम के लिए इस्तेमाल किया गया है। क्रान्तिकारियों को 'अहिंसा के फरिश्ते' को उसका योग्य स्थान देना चाहिए।

आतंकवाद के शैतान को दाद देने की ज़रूरत नहीं है। आतंकवादियों ने काफ़ी काम कर लिया है, काफ़ी कुछ सिखा दिया है। यदि हम अपने उद्देश्यों और तरीकों सम्बन्धी भूलें न करें तो यह अभी भी कुछ लाभप्रद हो सकता है। विशेषतः निराशा के समय आतंकवादी तरीका हमारे प्रचार-अभियान में सहायक

हो सकता है, लेकिन यह पटाखेबाजी के सिवाय है कुछ नहीं, और इसे विशेष समय और कुछ गिने-चुने लोगों के लिए सुरक्षित रखना चाहिए। क्रान्तिकारी को निरर्थक आतंकवादी कार्रवाइयों और व्यक्तिगत आत्म-बलिदान के दूषित चक्र में न डाला जाये। सभी के लिए उत्साहवर्द्धक आदर्श, उद्देश्य के लिए मरना न होकर उद्देश्य के लिए जीना—और वह भी लाभदायक तरीके से योग्य रूप में जीना—होना चाहिए।

यह कहने की तो कोई ज़रूरत नहीं है कि हम आतंकवाद से पूरी तरह सम्बन्ध नहीं तोड़ रहे। हम श्रमिक क्रान्ति के दृष्टिकोण से इसका पूरे तौर पर मूल्यांकन चाहते हैं। जो नवयुवक परिपक्व व चुपचाप (तरीके से) संगठन के काम में फिट नहीं होते, उनकी दूसरी भूमिका हो सकती है। उन्हें नीरस कामों से मुक्त कर अपनी इच्छा पूरी करने के लिए छोड़ देना चाहिए। लेकिन संचालक संस्था को पार्टी और उस काम के प्रभाव को, लोगों पर उसके प्रभाव और दुश्मन की ताकत को पहले ही देखना चाहिए। ऐसे काम पार्टी और जनता का ध्यान जुझारू जनसंघर्ष से हटाकर तेज़ भड़कीले कामों को ओर लगा सकते हैं और इस प्रकार पार्टी की जड़ों पर प्रहार करने का बहाना बन सकता है। इस प्रकार किसी भी स्थिति में इस आदर्श को आगे नहीं बढ़ाना है।

लेकिन गुप्त सैनिक विभाग कोई श्रापग्रस्त चीज़ नहीं है। वास्तत्र में यह तो अग्रिम पंक्ति है। क्रान्तिकारी पार्टी की 'गोलीमार पंक्ति' 'आधार' से पूरी तरह जुड़ी होनी चाहिए। 'आधार' जुझारू व गतिशील जन-पार्टी को बनना हैं। संगठन के लिए धन और हथियार संग्रह करने में कोई झिझक नहीं होनी चाहिए।

क्रान्ति

क्रान्ति से हमारा क्या आशय है, यह स्पष्ट है। इस शताब्दी में इसका सिर्फ़ एक ही अर्थ हो सकता है— जनता के लिए जनता का राजनीतिक शक्ति हासिल करना। वास्तव में यही है 'क्रान्ति', बाक़ी सभी विद्रोह तो सिर्फ़ मालिकों के परिवर्तन द्वारा पूँजीवादी सड़ाँध को ही आगे बढ़ाते हैं। किसी भी हद तक लोगों से या उनके उद्देश्यों से जतायी हमदर्दी जनता से वास्तविकता नहीं छिपा सकती, लोग छल को पहचानते हैं। भारत में हम भारतीय श्रमिक के शासन से कम कुछ नहीं चाहते। भारतीय श्रमिकों को—भारत में साम्राज्यवादियों और उनके मददगार हटाकर जो कि उसी आर्थिक व्यवस्था के पैरोकार हैं, जिसकी जड़ें, शोषण पर आधारित हैं—आगे आना है। हम गोरी बुराई की जगह काली बुराई को लाकर कष्ट नहीं उठाना चाहते। बुराइयाँ, एक स्वार्थी समूह की तरह, एक-दूसरे का स्थान लेने के लिए तैयार हैं।

साम्राज्यवादियों को गद्दी से उतारने के लिए भारत का एकमात्र हथियार श्रमिक क्रान्ति है। कोई और चीज़ इस उद्देश्य को पूरा नहीं कर सकती। सभी विचारों वाले राष्ट्रवादी एक उद्देश्य पर सहमत हैं कि साम्राज्यवादियों से आज़ादी हासिल हो। पर उन्हें यह समझाने की भी ज़रूरत है कि उनके आन्दोलन की चालक शक्ति विद्रोही जनता है और उसकी जुझारू कार्रवाईयों से ही सफलता हासिल होगी। चूँकि इसका सरल समाधान नहीं हो सकता, इसलिए स्वयं को छलकर वे उस ओर लपकते हैं, जिसे वे आरजी इलाज, लेकिन झटपट और प्रभावशाली मानते हैं– अर्थात् चंद सैकड़े दृढ़ आदर्शवादी राष्ट्रवादियों के सशक्त विद्रोह के जरिए विदेशी शासन को पलटकर राज्य का समाजवादी रास्ते पर पुनर्गठन। उन्हें समय की वास्तविकता में झाँककर देखना चाहिए। हथियार बड़ी संख्या में प्राप्त नहीं हैं और जुझारू जनता से अलग होकर अशिक्षित गुट की बगावत की सफलता का इस युग में कोई चांस नहीं है। राष्ट्रवादियों की सफलता के लिए उनकी पूरी कौम को हरकत में आना चाहिए और बगावत के लिए खड़ा होना चाहिए। क़ौम कांग्रेस के लाउडस्पीकर नहीं हैं, वरन् वे मज़दूर-किसान हैं जो भारत की 95 प्रतिशत जनसंख्या है। राष्ट्र स्वयं को राष्ट्रवाद के विश्वास पर ही हरकत में लायेगा, यानी साम्राज्यवाद और पूँजीपति की ग़ुलामी से मुक्ति का विश्वास दिलाने से।

हमें याद रखना चाहिए कि श्रमिक क्रान्ति के अतिरिक्त न किसी और क्रान्ति की इच्छा करनी चाहिए और न ही वह सफल हो सकती है।

कार्यक्रम

क्रान्ति का स्पष्ट और ईमानदार कार्यक्रम होना समय की ज़रूरत है और इस कार्यक्रम को लागू करने के लिए मज़बूत कार्रवाई होनी चाहिए।

1917 में अक्टूबर क्रान्ति से पूर्व, जब लेनिन अभी मास्को में भूमिगत थे तो उन्होंने सफल क्रान्ति के लिए तीन ज़रूरी शर्तें बतायी थीं–

1. राजनीतिक-आर्थिक परिस्थिति।

2. जनता के मन में विद्रोह-भावना।

3. एक क्रान्तिकारी पार्टी, जो पूरी तरह प्रशिक्षित हो और परीक्षा के समय जनता को नेतृत्व प्रदान कर सके।

भारत में पहली शर्त पूरी हो चुकी है, दूसरी वह तीसरी शर्त अन्तिम रूप में अपनी पूर्ति की प्रतीक्षा कर रही हैं। इसके लिए हरकत में आना आज़ादी के सभी सेवकों का पहला काम है। इसी मुद्दे को सामने रखकर कार्यक्रम बनाया जाना चाहिए। इसकी रूपरेखा नीचे दी जा रही है और उसके प्रत्येक अनुभाग-सम्बन्धी सुझाव अनुसूची 'क' व 'ख' में दर्ज हैं–

बुनियादी काम

कार्यकर्ताओं के सामने सबसे पहली ज़िम्मेदारी है जनता को जुझारू काम के लिए तैयार व लामबन्द करना। हमें अन्धविश्वासों, भावनाओं, धार्मिकता या तटस्थता के आदर्शों से खेलने की ज़रूरत नहीं है। हमें जनता से सिर्फ़ प्याज के साथ रोटी का वायदा ही नहीं करना। ये वायदे सम्पूर्ण व ठोस होंगे और इन पर हम ईमानदारी और स्पष्टता से बात करेंगे। हम कभी भी उनके मन नें भ्रमों का जमघट नहीं बनने देंगे। क्रान्ति जनता के लिए होगी। कुछ स्पष्ट निर्देश यह होंगे–

1. सामन्तवाद की समाप्ति।
2. किसानों के कर्जे समाप्त करना।
3. क्रान्तिकारी राज्य की ओर से भूमि का राष्ट्रीयकरण ताकि सुधरी हुई व साझी खेती स्थापित की जा सके।
4. रहने के लिए आवास की गारण्टी।
5. किसानों से लिए जाने वाले सभी ख़र्च बन्द करना। सिर्फ़ इकहरा भूमि-कर लिया जायेगा।
6. कारखानों का राष्ट्रीयकरण और देश में कारखाने लगाना।
7. आम शिक्षा।
8. काम करने के घण्टे ज़रूरत के अनुसार कम करना।

जनता ऐसे कार्यक्रम के लिए ज़रूर हामी भरेगी। इस समय सबसे ज़रूरी काम यही है कि हम लोगों तक पहुँचें। थोपी हुई अज्ञानता ने एक ओर से और बुद्धिजीवियों की उदासीनता ने दूसरी ओर से– शिक्षित क्रान्तिकारियों और हथौड़े-दराँत वाले उनके अभागे अर्धशिक्षित साथियों के बीच एक बनावटी दीवार खड़ी कर दी है। क्रान्तिकारियों को इस दीवार को अवश्य ही गिराना है। इसके लिए निम्न काम ज़रूरी हैं–

1. कांग्रेस के मंच का लाभ उठाना।
2. ट्रेड यूनियनों पर कब्जा करना और नयी ट्रेड यूनियनों व संगठनों को जुझारू रूप में स्थापित करना।
3. राज्यों में यूनियनें बनाकर उन्हें उपरोक्त बातों के आधार पर संगठित करना।
4. प्रत्येक सामाजिक व स्वयंसेवी संगठनों में (यहाँ तक कि सहकारिता सोसायटियों), जिनसे जनता तक पहुँचने का अवसर मिलता है, गुप्त रूप से दाखिल होकर इनकी कार्रवाइयों को इस रूप में चलाना कि असल मुद्दे और उद्देश्यों को आगे बढ़ाया जा सके।

5. दस्तकारों की समितियाँ, मज़दूरों और बौद्धिक काम करने वालों की यूनियनें हर जगह स्थापित की जायें।

ये कुछ रास्ते हैं जिनसे पढ़े-लिखे, प्रशिक्षित क्रान्तिकारी लोगों तक पहुँच सकते हैं। और एक बार पहुँच जायें तो प्रशिक्षण के ज़रिये पहले तो अपने अधिकारों की उत्साहपूर्वक पुष्टि कर सकते हैं और फिर हड़तालों और काम रोकने के तरीकों से जुझारू हल निकाल सकते हैं।

क्रान्तिकारी पार्टी

क्रान्तिकारियों के सक्रिय ग्रुप की मुख्य ज़िम्मेदारी, जनता तक पहुँचने और उन्हें सक्रिय बनाने की तैयारी में होती है। यही हैं वे चलते-फिरते दृढ़ इरादों के लोग जो राष्ट्र को जुझारू जीवनी शक्ति देंगे। ज्यों-ज्यों परिस्थितियाँ पकती हैं तो इन्हीं क्रान्तिकारी बुद्धिजीवियों-जो बुर्जुआ व पेटी बुर्जुआ वर्ग से आते हैं और कुछ समय तक इसी वर्ग से आते भी रहेंगे, लेकिन जिन्होंने स्वयं को इस वर्ग की परम्पराओं से अलग कर लिया होता है– से क्रान्तिकारी पार्टी बनेगी और फिर इसके गिर्द अधिक से अधिक सक्रिय मज़दूर-किसान और छोटे दस्तकार राजनीतिक कार्यकर्ता जुड़ते रहेंगे। लेकिन मुख्य तौर पर यह क्रान्तिकारी बुद्धिजीवियों, स्त्रियों व पुरुषों की पार्टी होगी, जिनकी मुख्य ज़िम्मेदारी यह होगी कि वे योजना बनायें, फिर उसे लागू करें, प्रोपेगण्डा या प्रचार करें, अलग-अलग यूनियनों में काम शुरू कर उनमें एकजुटता लायें, उनके एकजुट हमले की योजना बनायें, सेना व पुलिस को क्रान्ति-समर्थक बनायें और उनकी सहायता या अपनी अन्य शक्तियों से विद्रोह या आक्रमण की शक्ल में क्रान्तिकारी टकराव की स्थिति बनायें, लोगों को विद्रोह के लिए प्रयत्नशील करें और समय पड़ने पर निर्भीकता से नेतृत्व दे सकें।

वास्तव में वही आन्दोलन का दिमाग़ हैं। इसीलिए उन्हें दृढ़ चरित्र की ज़रूरत होगी, यानी पहलकदमी और क्रान्तिकारी नेतृत्व की क्षमता। उनकी समझ राजनीतिक, आर्थिक और ऐतिहासिक समस्याओं, सामाजिक रुझानों, प्रगतिशील विज्ञान, युद्ध के नये वैज्ञानिक तरीकों और उसकी कला आदि के अनुशासित भाव से किये गये गहरे अध्ययन पर आधारित होनी चाहिए। क्रान्ति का बौद्धिक पक्ष हमेशा दुर्बल रहा है, इसलिए क्रान्ति की अत्यावश्यक चीज़ों और किये कामों के प्रभाव पर ध्यान नहीं दिया जाता रहा। इसलिए एक क्रान्तिकारी को अध्ययन-मनन अपनी पवित्र ज़िम्मेदारी बना लेना चाहिए।

यह तो स्पष्ट है कि पार्टी कुछ विशेष मामलों में खुले रूप में काम कर सकती है। जहाँ तक सम्भव हो, पार्टी को गुप्त नहीं होना चाहिए। इससे सन्देह नहीं रहेंगे और पार्टी को शक्ति और प्रतिष्ठा मिलेगी। पार्टी को बहुत बड़ी जिम्मेदारी उठानी होगी, इसलिए सुविधा की दृष्टि से पार्टी को कुछ समितियों में

बाँटा जा सकता है जो प्रत्येक क्षेत्र के लिए विशेष कामों की देखभाल करेंगी। काम का यह विभाजन समय की आवश्यकता के अनुसार लचीला होना चाहिए या सदस्य की सम्भावनाएँ आँककर उसे किसी स्थानीय समिति में काम दिया जा सकता है। स्थानीय समिति, प्रान्तीय बोर्ड के अधीन होगी व बोर्ड सुप्रीम कौंसिल के अधीन। प्रान्त के भीतर सम्पर्क का काम प्रान्तीय बोर्ड के अधीन होगा। बिखरे-बिखरे सभी कामों या बिखराने वाले तत्त्वों को रोकना चाहिए, लेकिन अधिक केन्द्रीयकरण की सम्भावना नहीं है, इसलिए उसकी अभी कोशिश भी नहीं करनी चाहिए।

सभी स्थानीय समितियों को एक दूसरे से सम्पर्क रखते हुए काम करने चाहिए और समिति में एक सदस्य भी होना चाहिए। समिति छोटी, संयुक्त व कुशल हो और इसे वाद-विवाद-क्लब में पतित नहीं होने देना चाहिए।

इसलिए प्रत्येक क्षेत्र में क्रान्तिकारी पार्टी इस तरह हो–

- सामान्य समितिः भर्ती करना, सेना में प्रचार, सामान्य नीति, संगठन, जन-संगठनों में सम्पर्क-(परिशिष्ट क)।
- वित्त समितिः समिति में महिला सदस्यों की संख्या अधिक हो सकती है। इस समिति के सिर पर सबसे मुश्किल कामों से भी मुश्किल काम है, इसलिए सभी को खुले दिल से इसकी सहायता करनी चाहिए। धन के स्रोत प्राथमिकता के अनुसार हों– स्वैच्छिक चन्दा, जबरी चन्दा (सरकारी धन), विदेशी पूँजीपति या बैंक, विदेश में रहने वालों की देशी व्यक्तिगत सम्पत्ति पर कब्जा या ग़ैर क़ानूनी तरीके, जैसे ग़बन। (अन्तिम दोनों हमारी नीति के विपरीत हैं और पार्टी को हानि पहुँचाते हैं, इसलिए इन्हें अधिक बढ़ावा नहीं देना चाहिए।)
- ऐक्शन कमेटी (कार्रवाई समिति): इसका रूप– साबोताज, हथियार-संग्रह और विद्रोह का प्रशिक्षण देने के लिए एक गुप्त समिति।

  ग्रुप (क)– नवयुवकः शत्रु की खबरें एकत्र करना, स्थानीय सैनिक-सर्वेक्षण।

  ग्रुप (ख)– विशेषज्ञः शस्त्र संग्रह, सैनिक-प्रशिक्षण आदि।
- स्त्री-समितिः यद्यपि जाहिरा तौर पर स्त्री-पुरुषों में कोई भेदभाव नहीं रखा जाता तथापि पार्टी को सुरक्षा व सुविधा के लिए ऐसी समिति की ज़रूरत है जो अपने सदस्यों की पूरी ज़िम्मेदारी ओढ़ सके। उन्हें वित्त समिति का पूरा भार सौंपा जा सकता है और काफ़ी हद तक सामान्य समिति के काम भी दिये जा सकते हैं– स्त्रियों को क्रान्तिकारी बनाना और इनमें से प्रत्यक्ष सेवा के लिए सक्रिय सदस्य भर्ती करना।

ऊपर बताये गये कार्यक्रम से यह निष्कर्ष निकालना सम्भव है कि क्रान्ति या आजादी के लिए कोई छोटा रास्ता नहीं है। 'यह किसी सुन्दरी की तरह सुबह-सुबह हमें दिखायी नहीं देगी' और यदि ऐसा हुआ तो वह बड़ा मनहूस दिन होगा। बिना किसी बुनियादी काम के, बग़ैर जुझारू जनता के और बिना किसी पार्टी के, अगर (क्रान्ति) हर तरह से तैयार हो, तो यह एक असफलता होगी। इसीलिए हमें स्वयं को झिंझोड़ना होगा। हमें हमेशा यह याद रखना चाहिए कि पूँजीवादी व्यवस्था चरमरा रही है और तबाही की ओर बढ़ रही है। दो या तीन साल में शायद इसका विनाश हो जाये। यदि आज भी हमारी शक्ति बिखरी रही और क्रान्तिकारी शक्तियाँ एकजुट होकर न बढ़ सकीं तो ऐसा संकट आयेगा कि हम उसे सम्भालने के लिए तैयार नहीं होंगे। आइए, हम यह चेतावनी स्वीकार करें और दो या तीन वर्ष में क्रान्ति की ओर आगे बढ़ने की योजना बनाएँ।

फरवरी, 1931

मैं नास्तिक क्यों हूँ (फरवरी, 1931)

[यह लेख भगतसिंह ने जेल में रहते हुए लिखा था और यह 27 सितम्बर 1931 को लाहौर के अख़बार "द पीपल" में प्रकाशित हुआ। इस लेख में भगतसिंह ने ईश्वर कि उपस्थिति पर अनेक तर्कपूर्ण सवाल खड़े किये हैं और इस संसार के निर्माण, मनुष्य के जन्म, मनुष्य के मन में ईश्वर की कल्पना के साथ साथ संसार में मनुष्य की दीनता, उसके शोषण, दुनिया में व्याप्त अराजकता और और वर्गभेद की स्थितियों का भी विश्लेषण किया है। यह भगतसिंह के लेखन के सबसे चर्चित हिस्सों में रहा है। स्वतन्त्रता सेनानी बाबा रणधीर सिंह 1930-31 के बीच लाहौर के सेन्ट्रल जेल में क़ैद थे। वे एक धार्मिक व्यक्ति थे जिन्हें यह जान कर बहुत कष्ट हुआ कि भगतसिंह का ईश्वर पर विश्वास नहीं है। वे किसी तरह भगतसिंह की कालकोठरी में पहुँचने में सफल हुए और उन्हें ईश्वर के अस्तित्व पर यक़ीन दिलाने की कोशिश की। असफल होने पर बाबा ने नाराज़ होकर कहा, "प्रसिद्धि से तुम्हारा दिमाग़ ख़राब हो गया है और तुम अहंकारी बन गए हो जो कि एक काले पर्दे के तरह तुम्हारे और ईश्वर के बीच खड़ी है। इस टिप्पणी के जवाब में ही भगतसिंह ने यह लेख लिखा।]

एक नया प्रश्न उठ खड़ा हुआ है। क्या मैं किसी अहंकार के कारण सर्वशक्तिमान, सर्वव्यापी तथा सर्वज्ञानी ईश्वर के अस्तित्व पर विश्वास नहीं करता हूँ? मेरे कुछ दोस्त–शायद ऐसा कहकर मैं उन पर बहुत अधिकार नहीं जमा रहा हूँ–मेरे साथ अपने थोड़े से सम्पर्क में इस निष्कर्ष पर पहुँचने के लिये उत्सुक हैं कि मैं ईश्वर के अस्तित्व को नकार कर कुछ ज़रूरत से ज़्यादा आगे जा रहा हूँ और मेरे घमण्ड ने कुछ हद तक मुझे इस अविश्वास के लिये उकसाया है। मैं ऐसी कोई शेखी नहीं बघारता कि मैं मानवीय कमज़ोरियों से बहुत ऊपर हूँ। मैं एक मनुष्य हूँ, और इससे अधिक कुछ नहीं। कोई भी इससे अधिक होने का दावा नहीं कर सकता। यह कमज़ोरी मेरे अन्दर भी है। अहंकार भी मेरे स्वभाव का अंग है। अपने कॉमरेडो के बीच मुझे निरंकुश कहा जाता था। यहाँ तक कि मेरे दोस्त श्री बटुकेश्वर कुमार दत्त भी मुझे कभी-कभी ऐसा कहते थे। कई मौकों पर स्वेच्छाचारी कह मेरी निन्दा भी की गयी। कुछ दोस्तों को शिकायत है, और गम्भीर रूप से है कि मैं अनचाहे ही अपने विचार, उन पर थोपता हूँ और अपने

प्रस्तावों को मनवा लेता हूँ। यह बात कुछ हद तक सही है। इससे मैं इनकार नहीं करता। इसे अहंकार कहा जा सकता है। जहाँ तक अन्य प्रचलित मतों के मुकाबले हमारे अपने मत का सवाल है। मुझे निश्चय ही अपने मत पर गर्व है। लेकिन यह व्यक्तिगत नहीं है। ऐसा हो सकता है कि यह केवल अपने विश्वास के प्रति न्यायोचित गर्व हो और इसको घमण्ड नहीं कहा जा सकता। घमण्ड तो स्वयं के प्रति अनुचित गर्व की अधिकता है। क्या यह अनुचित गर्व है, जो मुझे नास्तिकता की ओर ले गया? अथवा इस विषय का ख़ूब सावधानी से अध्ययन करने और उस पर खूब विचार करने के बाद मैंने ईश्वर पर अविश्वास किया?

मैं यह समझने में पूरी तरह से असफल रहा हूँ कि अनुचित गर्व या वृथाभिमान किस तरह किसी व्यक्ति के ईश्वर में विश्वास करने के रास्ते में रोड़ा बन सकता है? किसी वास्तव में महान व्यक्ति की महानता को मैं मान्यता न दूँ– यह तभी हो सकता है, जब मुझे भी थोड़ा ऐसा यश प्राप्त हो गया हो जिसके या तो मैं योग्य नहीं हूँ या मेरे अन्दर वे गुण नहीं हैं, जो इसके लिये आवश्यक हैं। यहाँ तक तो समझ में आता है। लेकिन यह कैसे हो सकता है कि एक व्यक्ति, जो ईश्वर में विश्वास रखता हो, सहसा अपने व्यक्तिगत अहंकार के कारण उसमें विश्वास करना बन्द कर दे? दो ही रास्ते सम्भव हैं। या तो मनुष्य अपने को ईश्वर का प्रतिद्वन्द्वी समझने लगे या वह स्वयं को ही ईश्वर मानना शुरू कर दे। इन दोनो ही अवस्थाओं में वह सच्चा नास्तिक नहीं बन सकता। पहली अवस्था में तो वह अपने प्रतिद्वन्द्वी के अस्तित्व को नकारता ही नहीं है। दूसरी अवस्था में भी वह एक ऐसी चेतना के अस्तित्व को मानता है, जो पर्दे के पीछे से प्रकृति की सभी गतिविधियों का संचालन करती है। मैं तो उस सर्वशक्तिमान परम आत्मा के अस्तित्व से ही इनकार करता हूँ। यह अहंकार नहीं है, जिसने मुझे नास्तिकता के सिद्धान्त को ग्रहण करने के लिये प्रेरित किया। मैं न तो एक प्रतिद्वन्द्वी हूँ, न ही एक अवतार और न ही स्वयं परमात्मा। इस अभियोग को अस्वीकार करने के लिये आइए तथ्यों पर गौर करें। मेरे इन दोस्तों के अनुसार, दिल्ली बम केस और लाहौर षड्यन्त्र केस के दौरान मुझे जो अनावश्यक यश मिला, शायद उस कारण मैं वृथाभिमानी हो गया हूँ।

मेरा नास्तिकतावाद कोई अभी हाल की उत्पत्ति नहीं है। मैंने तो ईश्वर पर विश्वास करना तब छोड़ दिया था, जब मैं एक अप्रसिद्ध नौजवान था। कम से कम एक कॉलेज का विद्यार्थी तो ऐसे किसी अनुचित अहंकार को नहीं पाल-पोस सकता, जो उसे नास्तिकता की ओर ले जाये। यद्यपि मैं कुछ अध्यापकों का चहेता था तथा कुछ अन्य को मैं अच्छा नहीं लगता था। पर मैं कभी भी बहुत मेहनती अथवा पढ़ाकू विद्यार्थी नहीं रहा। अहंकार जैसी भावना में फँसने का कोई मौका ही

न मिल सका। मैं तो एक बहुत लज्जालु स्वभाव का लड़का था, जिसकी भविष्य के बारे में कुछ निराशावादी प्रकृति थी। मेरे बाबा, जिनके प्रभाव में मैं बड़ा हुआ, एक रूढ़िवादी आर्य समाजी हैं। एक आर्य समाजी और कुछ भी हो, नास्तिक नहीं होता। अपनी प्राथमिक शिक्षा पूरी करने के बाद मैंने डी. ए. वी. स्कूल, लाहौर में प्रवेश लिया और पूरे एक साल उसके छात्रावास में रहा। वहाँ सुबह और शाम की प्रार्थना के अतिरिक्त में घण्टों गायत्री मंत्र जपा करता था। उन दिनों मैं पूरा भक्त था। बाद में मैंने अपने पिता के साथ रहना शुरू किया। जहाँ तक धार्मिक रूढ़िवादिता का प्रश्न है, वह एक उदारवादी व्यक्ति हैं। उन्हीं की शिक्षा से मुझे स्वतन्त्रता के ध्येय के लिये अपने जीवन को समर्पित करने की प्रेरणा मिली। किन्तु वे नास्तिक नहीं हैं। उनका ईश्वर में दृढ़ विश्वास है। वे मुझे प्रतिदिन पूजा-प्रार्थना के लिये प्रोत्साहित करते रहते थे। इस प्रकार से मेरा पालन-पोषण हुआ। असहयोग आन्दोलन के दिनों में राष्ट्रीय कॉलेज में प्रवेश लिया। यहाँ आकर ही मैंने सारी धार्मिक समस्याओं– यहाँ तक कि ईश्वर के अस्तित्व के बारे में उदारतापूर्वक सोचना, विचारना तथा उसकी आलोचना करना शुरू किया। पर अभी भी मैं पक्का आस्तिक था। उस समय तक मैं अपने लम्बे बाल रखता था। यद्यपि मुझे कभी-भी सिक्ख या अन्य धर्मों की पौराणिकता और सिद्धान्तों में विश्वास न हो सका था। किन्तु मेरी ईश्वर के अस्तित्व में दृढ़ निष्ठा थी। बाद में मैं क्रान्तिकारी पार्टी से जुड़ा। वहाँ जिस पहले नेता से मेरा सम्पर्क हुआ वे तो पक्का विश्वास न होते हुए भी ईश्वर के अस्तित्व को नकारने का साहस ही नहीं कर सकते थे। ईश्वर के बारे में मेरे हठ पूर्वक पूछते रहने पर वे कहते, "जब इच्छा हो, तब पूजा कर लिया करो।" यह नास्तिकता है, जिसमें साहस का अभाव है। दूसरे नेता, जिनके मैं सम्पर्क में आया, पक्के श्रद्धालु आदरणीय कामरेड शचीन्द्र नाथ सान्याल आजकल काकोरी षड्यन्त्र केस के सिलसिले में आजीवन कारवास भोग रहे हैं। उनकी पुस्तक 'बन्दी जीवन' ईश्वर की महिमा का जोर-शोर से गान है। उन्होंने उसमें ईश्वर के ऊपर प्रशंसा के पुष्प रहस्यात्मक वेदान्त के कारण बरसाये हैं। 28 जनवरी, 1925 को पूरे भारत में जो 'दि रिवोल्यूशनरी' (क्रान्तिकारी) पर्चा बाँटा गया था, वह उन्हीं के बौद्धिक श्रम का परिणाम है। उसमें सर्वशक्तिमान और उसकी लीला एवं कार्यों की प्रशंसा की गयी है। मेरा ईश्वर के प्रति अविश्वास का भाव क्रान्तिकारी दल में भी प्रस्फुटित नहीं हुआ था। काकोरी के सभी चार शहीदों ने अपने अन्तिम दिन भजन-प्रार्थना में गुज़ारे थे। राम प्रसाद 'बिस्मिल' एक रूढ़िवादी आर्य समाजी थे। समाजवाद तथा साम्यवाद में अपने वृहद् अध्ययन के बावजूद राजेन लाहड़ी उपनिषद् एवं गीता के श्लोकों के उच्चारण की अपनी अभिलाषा को दबा न सके। मैंने उन सब मे सिर्फ़ एक ही व्यक्ति को देखा, जो

कभी प्रार्थना नहीं करता था और कहता था, "दर्शन शास्त्र मनुष्य की दुर्बलता अथवा ज्ञान के सीमित होने के कारण उत्पन्न होता है। वह भी आजीवन निर्वासन की सज़ा भोग रहा है। परन्तु उसने भी ईश्वर के अस्तित्व को नकारने की कभी हिम्मत नहीं की।"

इस समय तक मैं केवल एक रोमान्टिक आदर्शवादी क्रान्तिकारी था। अब तक हम दूसरों का अनुसरण करते थे। अब अपने कन्धों पर ज़िम्मेदारी उठाने का समय आया था। यह मेरे क्रान्तिकारी जीवन का एक निर्णायक बिन्दु था। 'अध्ययन' की पुकार मेरे मन के गलियारों में गूँज रही थी– विरोधियों द्वारा रखे गये तर्कों का सामना करने योग्य बनने के लिये अध्ययन करो। अपने मत के पक्ष में तर्क देने के लिये सक्षम होने के वास्ते पढ़ो। मैंने पढ़ना शुरू कर दिया। इससे मेरे पुराने विचार व विश्वास अद्भुत रूप से परिष्कृत हुए। रोमांस की जगह गम्भीर विचारों ने ली ली। न और अधिक रहस्यवाद, न ही अन्धविश्वास। यथार्थवाद हमारा आधार बना। मुझे विश्वक्रान्ति के अनेक आदर्शों के बारे में पढ़ने का ख़ूब मौका मिला। मैंने अराजकतावादी नेता बाकुनिन को पढ़ा, कुछ साम्यवाद के पिता मार्क्स को, किन्तु अधिक लेनिन, त्रात्स्की, व अन्य लोगों को पढ़ा, जो अपने देश में सफलतापूर्वक क्रान्ति लाये थे। ये सभी नास्तिक थे। बाद में मुझे निरलम्ब स्वामी की पुस्तक 'सहज ज्ञान' मिली। इसमें रहस्यवादी नास्तिकता थी। 1926 के अन्त तक मुझे इस बात का विश्वास हो गया कि एक सर्वशक्तिमान परम आत्मा की बात, जिसने ब्रह्माण्ड का सृजन, दिग्दर्शन और संचालन किया, एक कोरी बकवास है। मैंने अपने इस अविश्वास को प्रदर्शित किया। मैंने इस विषय पर अपने दोस्तों से बहस की। मैं एक घोषित नास्तिक हो चुका था।

मई 1927 में मैं लाहौर में गिरफ़्तार हुआ। रेलवे पुलिस हवालात में मुझे एक महीना काटना पड़ा। पुलिस अफ़सरों ने मुझे बताया कि मैं लखनऊ में था, जब वहाँ काकोरी दल का मुक़दमा चल रहा था, कि मैंने उन्हें छुड़ाने की किसी योजना पर बात की थी, कि उनकी सहमति पाने के बाद हमने कुछ बम प्राप्त किये थे, कि 1927 में दशहरा के अवसर पर उन बमों में से एक परीक्षण के लिये भीड़ पर फेंका गया, कि यदि मैं क्रान्तिकारी दल की गतिविधियों पर प्रकाश डालने वाला एक वक्तव्य दे दूँ, तो मुझे गिरफ़्तार नहीं किया जायेगा और इसके विपरीत मुझे अदालत में मुख़बिर की तरह पेश किये बग़ैर रिहा कर दिया जायेगा और इनाम दिया जायेगा। मैं इस प्रस्ताव पर हँसा। यह सब बेकार की बात थी। हम लोगों की भाँति विचार रखने वाले अपनी निर्दोष जनता पर बम नहीं फेंका करते। एक दिन सुबह सी. आई. डी. के वरिष्ठ अधीक्षक श्री न्यूमन ने कहा कि यदि मैंने वैसा वक्तव्य नहीं दिया, तो मुझ पर काकोरी केस से सम्बन्धित विद्रोह छेड़ने के षड्यन्त्र

तथा दशहरा उपद्रव में क्रूर हत्याओं के लिये मुक़दमा चलाने पर बाध्य होंगे, और कि उनके पास मुझे सज़ा दिलाने व फाँसी पर लटकवाने के लिये उचित प्रमाण हैं। उसी दिन से कुछ पुलिस अफ़सरों ने मुझे नियम से दोनो समय ईश्वर की स्तुति करने के लिये फुसलाना शुरू किया। पर अब मैं एक नास्तिक था। मैं स्वयं के लिये यह बात तय करना चाहता था कि क्या शान्ति और आनन्द के दिनों में ही मैं नास्तिक होने का दम्भ भरता हूँ या ऐसे कठिन समय में भी मैं उन सिद्धान्तों पर अडिग रह सकता हूँ। बहुत सोचने के बाद मैंने निश्चय किया कि किसी भी तरह ईश्वर पर विश्वास तथा प्रार्थना मैं नहीं कर सकता। नहीं, मैंने एक क्षण के लिये भी नहीं की। यही असली परीक्षण था और मैं सफल रहा। अब मैं एक पक्का अविश्वासी था और तब से लगातार हूँ। इस परीक्षण पर खरा उतरना आसान काम न था। 'विश्वास' कष्टों को हलका कर देता है। यहाँ तक कि उन्हें सुखकर बना सकता है। ईश्वर में मनुष्य को अत्यधिक सान्त्वना देने वाला एक आधार मिल सकता है। उसके बिना मनुष्य को अपने ऊपर निर्भर करना पड़ता है। तूफ़ान और झंझावात के बीच अपने पाँवों पर खड़ा रहना कोई बच्चों का खेल नहीं है। परीक्षा की इन घड़ियों में अहंकार यदि है, तो भाप बनकर उड़ जाता है और मनुष्य अपने विश्वास को ठुकराने का साहस नहीं कर पाता। यदि ऐसा करता है, तो इससे यह निष्कर्ष निकलता है कि उसके पास सिर्फ़ अहंकार नहीं वरन् कोई अन्य शक्ति है। आज बिलकुल वैसी ही स्थिति है। निर्णय का पूरा-पूरा पता है। एक सप्ताह के अन्दर ही यह घोषित हो जायेगा कि मैं अपना जीवन एक ध्येय पर न्योछावर करने जा रहा हूँ। इस विचार के अतिरिक्त और क्या सान्त्वना हो सकती है? ईश्वर में विश्वास रखने वाला हिन्दू पुनर्जन्म पर राजा होने की आशा कर सकता है। एक मुसलमान या ईसाई स्वर्ग में व्याप्त समृद्धि के आनन्द की तथा अपने कष्टों और बलिदान के लिये पुरस्कार की कल्पना कर सकता है। किन्तु मैं क्या आशा करूँ? मैं जानता हूँ कि जिस क्षण रस्सी का फ़न्दा मेरी गर्दन पर लगेगा और मेरे पैरों के नीचे से तख्ता हटेगा, वह पूर्ण विराम होगा– वह अन्तिम क्षण होगा। मैं या मेरी आत्मा सब वहीं समाप्त हो जायेगी। आगे कुछ न रहेगा। एक छोटी-सी जूझती हुई ज़िन्दगी, जिसकी कोई ऐसी गौरवशाली परिणति नहीं है, अपने में स्वयं एक पुरस्कार होगी– यदि मुझमें इस दृष्टि से देखने का साहस हो। बिना किसी स्वार्थ के यहाँ या यहाँ के बाद पुरस्कार की इच्छा के बिना, मैंने अनासक्त भाव से अपने जीवन को स्वतन्त्रता के ध्येय पर समर्पित कर दिया है, क्योंकि मैं और कुछ कर ही नहीं सकता था। जिस दिन हमें इस मनोवृत्ति के बहुत-से पुरुष और महिलाएँ मिल जायेंगे, जो अपने जीवन को मनुष्य की सेवा और पीड़ित मानवता के उद्धार के अतिरिक्त कहीं समर्पित कर ही नहीं सकते, उसी दिन मुक्ति के युग

का शुभारम्भ होगा। वे शोषकों, उत्पीड़कों और अत्याचारियों को चुनौती देने के लिये उत्प्रेरित होंगे। इस लिये नहीं कि उन्हें राजा बनना है या कोई अन्य पुरस्कार प्राप्त करना है यहाँ या अगले जन्म में या मृत्योपरान्त स्वर्ग में। उन्हें तो मानवता की गर्दन से दासता का जुआ उतार फेंकने और मुक्ति एवं शान्ति स्थापित करने के लिये इस मार्ग को अपनाना होगा। क्या वे उस रास्ते पर चलेंगे जो उनके अपने लिये ख़तरनाक किन्तु उनकी महान आत्मा के लिये एक मात्र कल्पनीय रास्ता है। क्या इस महान ध्येय के प्रति उनके गर्व को अहंकार कहकर उसका ग़लत अर्थ लगाया जायेगा? कौन इस प्रकार के घृणित विशेषण बोलने का साहस करेगा? या तो वह मूर्ख है या धूर्त। हमें चाहिए कि उसे क्षमा कर दें, क्योंकि वह उस हृदय में उद्वेलित उच्च विचारों, भावनाओं, आवेगों तथा उनकी गहराई को महसूस नहीं कर सकता। उसका हृदय मांस के एक टुकड़े की तरह मृत है। उसकी आँखों पर अन्य स्वार्थों के प्रेतों की छाया पड़ने से वे कमजोर हो गयी हैं। स्वयं पर भरोसा रखने के गुण को सदैव अहंकार की संज्ञा दी जा सकती है। यह दुखपूर्ण और कष्टप्रद है, पर चारा ही क्या है?

आलोचना और स्वतन्त्र विचार एक क्रान्तिकारी के दोनों अनिवार्य गुण हैं। क्योंकि हमारे पूर्वजों ने किसी परम आत्मा के प्रति विश्वास बना लिया था। अतः कोई भी व्यक्ति जो उस विश्वास को सत्यता या उस परम आत्मा के अस्तित्व को ही चुनौती दे, उसको विधर्मी, विश्वासघाती कहा जायेगा। यदि उसके तर्क इतने अकाट्य हैं कि उनका खण्डन वितर्क द्वारा नहीं हो सकता और उसकी आस्था इतनी प्रबल है कि उसे ईश्वर के प्रकोप से होने वाली विपत्तियों का भय दिखा कर दबाया नहीं जा सकता तो उसकी यह कह कर निन्दा की जायेगी कि वह वृथाभिमानी है। यह मेरा अहंकार नहीं था, जो मुझे नास्तिकता की ओर ले गया। मेरे तर्क का तरीका संतोषप्रद सिद्ध होता है या नहीं इसका निर्णय मेरे पाठकों को करना है, मुझे नहीं। मैं जानता हूँ कि ईश्वर पर विश्वास ने आज मेरा जीवन आसान और मेरा बोझ हलका कर दिया होता। उस पर मेरे अविश्वास ने सारे वातावरण को अत्यन्त शुष्क बना दिया है। थोड़ा-सा रहस्यवाद इसे कवित्वमय बना सकता है। किन्तु मेरे भाग्य को किसी उन्माद का सहारा नहीं चाहिए। मैं यथार्थवादी हूँ। मैं अन्तः प्रकृति पर विवेक की सहायता से विजय चाहता हूँ। इस ध्येय में मैं सदैव सफल नहीं हुआ हूँ। प्रयास करना मनुष्य का कर्तव्य है। सफलता तो संयोग तथा वातावरण पर निर्भर है। कोई भी मनुष्य, जिसमें तनिक भी विवेक शक्ति है, वह अपने वातावरण को तार्किक रूप से समझना चाहेगा। जहाँ सीधा प्रमाण नहीं है, वहाँ दर्शन शास्त्र का महत्त्व है। जब हमारे पूर्वजों ने फ़ुर्सत के समय विश्व के रहस्य को, इसके भूत, वर्तमान एवं भविष्य को, इसके क्यों और कहाँ से को

समझने का प्रयास किया तो सीधे परिणामों के कठिन अभाव में हर व्यक्ति ने इन प्रश्नों को अपने ढ़ंग से हल किया। यही कारण है कि विभिन्न धार्मिक मतों में हमको इतना अन्तर मिलता है, जो कभी-कभी वैमनस्य तथा झगड़े का रूप ले लेता है। न केवल पूर्व और पश्चिम के दर्शनों में मतभेद है, बल्कि प्रत्येक गोलार्द्ध के अपने विभिन्न मतों में आपस में अन्तर है। पूर्व के धर्मों में, इस्लाम तथा हिन्दू धर्म में ज़रा भी अनुरूपता नहीं है। भारत में ही बौद्ध तथा जैन धर्म उस ब्राह्मणवाद से बहुत अलग है, जिसमें स्वयं आर्यसमाज व सनातन धर्म जैसे विरोधी मत पाये जाते हैं। पुराने समय का एक स्वतन्त्र विचारक चार्वाक है। उसने ईश्वर को पुराने समय में ही चुनौती दी थी। हर व्यक्ति अपने को सही मानता है। दुर्भाग्य की बात है कि बजाय पुराने विचारकों के अनुभवों तथा विचारों को भविष्य में अज्ञानता के विरुद्ध लड़ाई का आधार बनाने के हम आलसियों की तरह, जो हम सिद्ध हो चुके हैं, उनके कथन में अविचल एवं संशयहीन विश्वास की चीख पुकार करते रहते हैं और इस प्रकार मानवता के विकास को जड़ बनाने के दोषी हैं।

सिर्फ़ विश्वास और अन्ध विश्वास ख़तरनाक है। यह मस्तिष्क को मूढ़ और मनुष्य को प्रतिक्रियावादी बना देता है। जो मनुष्य अपने को यथार्थवादी होने का दावा करता है, उसे समस्त प्राचीन रूढ़िगत विश्वासों को चुनौती देनी होगी। प्रचलित मतों को तर्क की कसौटी पर कसना होगा। यदि वे तर्क का प्रहार न सह सके, तो टुकड़े-टुकड़े होकर गिर पड़ेगा। तब नये दर्शन की स्थापना के लिये उनको पूरा धराशाई करके जगह साफ़ करना और पुराने विश्वासों की कुछ बातों का प्रयोग करके पुनर्निमाण करना। मैं प्राचीन विश्वासों के ठोसपन पर प्रश्न करने के सम्बन्ध में आश्वस्त हूँ। मुझे पूरा विश्वास है कि एक चेतन परम आत्मा का, जो प्रकृति की गति का दिग्दर्शन एवं संचालन करता है, कोई अस्तित्व नहीं है। हम प्रकृति में विश्वास करते हैं और समस्त प्रगतिशील आन्दोलन का ध्येय मनुष्य द्वारा अपनी सेवा के लिये प्रकृति पर विजय प्राप्त करना मानते हैं। इसको दिशा देने के पीछे कोई चेतन शक्ति नहीं है। यही हमारा दर्शन है। हम आस्तिकों से कुछ प्रश्न करना चाहते हैं।

यदि आपका विश्वास है कि एक सर्वशक्तिमान, सर्वव्यापक और सर्वज्ञानी ईश्वर है, जिसने विश्व की रचना की, तो कृपा करके मुझे यह बतायें कि उसने यह रचना क्यों की? कष्टों और संतापों से पूर्ण दुनिया– असंख्य दुखों के शाश्वत अनन्त गठबन्धनों से ग्रसित! एक भी व्यक्ति तो पूरी तरह संतुष्ट नही है। कृपया यह न कहें कि यही उसका नियम है। यदि वह किसी नियम से बँधा है तो वह सर्वशक्तिमान नहीं है। वह भी हमारी ही तरह नियमों का दास है। कृपा करके यह भी न कहें कि यह उसका मनोरंजन है। नीरो ने बस एक रोम जलाया था।

उसने बहुत थोड़ी संख्या में लोगों की हत्या की थी। उसने तो बहुत थोड़ा दुख पैदा किया, अपने पूर्ण मनोरंजन के लिये। और उसका इतिहास में क्या स्थान है? उसे इतिहासकार किस नाम से बुलाते हैं? सभी विषैले विशेषण उस पर बरसाये जाते हैं। पन्ने उसकी निन्दा के वाक्यों से काले पुते हैं, भर्त्सना करते हैं ख्र नीरो एक हृदयहीन, निर्दयी, दुष्ट। एक चंगेज़ खाँ ने अपने आनन्द के लिये कुछ हजार जानें ले लीं और आज हम उसके नाम से घृणा करते हैं। तब किस प्रकार तुम अपने ईश्वर को न्यायोचित ठहराते हो? उस शाश्वत नीरो को, जो हर दिन, हर घण्टे ओर हर मिनट असंख्य दुख देता रहा, और अभी भी दे रहा है। फिर तुम कैसे उसके दुष्कर्मों का पक्ष लेने की सोचते हो, जो चंगेज़ खाँ से प्रत्येक क्षण अधिक है?

क्या यह सब बाद में इन निर्दोष कष्ट सहने वालों को पुरस्कार और गलती करने वालों को दण्ड देने के लिये हो रहा है? ठीक है, ठीक है। तुम कब तक उस व्यक्ति को उचित ठहराते रहोगे, जो हमारे शरीर पर घाव करने का साहस इसलिये करता है कि बाद में मुलायम और आरामदायक मलहम लगायेगा? ग्लैडिएटर संस्था के व्यवस्थापक कहाँ तक उचित करते थे कि एक भूखे खूंख़ार शेर के सामने मनुष्य को फेंक दो कि, यदि वह उससे जान बचा लेता है, तो उसकी ख़ूब देखभाल की जायेगी? इसलिये मैं पूछता हूँ कि उस चेतन परम आत्मा ने इस विश्व और उसमें मनुष्यों की रचना क्यों की? आनन्द लूटने के लिये? तब उसमें और नीरो में क्या फ़र्क़ है?

तुम मुसलमानो और ईसाइयो! तुम तो पूर्वजन्म में विश्वास नहीं करते। तुम तो हिन्दुओं की तरह यह तर्क पेश नहीं कर सकते कि प्रत्यक्षत: निर्दोष व्यक्तियों के कष्ट उनके पूर्वजन्मों के कर्मों का फल है। मैं तुमसे पूछता हूँ कि उस सर्वशक्तिशाली ने शब्द द्वारा विश्व के उत्पत्ति के लिये छ: दिन तक क्यों परिश्रम किया? और प्रत्येक दिन वह क्यों कहता है कि सब ठीक है? बुलाओ उसे आज। उसे पिछला इतिहास दिखाओ। उसे आज की परिस्थितियों का अध्ययन करने दो। हम देखेंगे कि क्या वह कहने का साहस करता है कि सब ठीक है। कारावास की काल-कोठरियों से लेकर झोपड़ियों की बस्तियों तक भूख से तड़पते लाखों इनसानों से लेकर उन शोषित मज़दूरों से लेकर जो पूँजीवादी पिशाच द्वारा ख़ून चूसने की क्रिया को धैर्यपूर्वक निरुत्साह से देख रहे हैं तथा उस मानवशक्ति की बर्बादी देख रहे हैं, जिसे देखकर कोई भी व्यक्ति, जिसे तनिक भी सहज ज्ञान है, भय से सिहर उठेगा, और अधिक उत्पादन को ज़रूरतमन्द लोगों में बाँटने के बजाय समुद्र में फेंक देना बेहतर समझने से लेकर राजाओं के उन महलों तक जिनकी नींव मानव की हड्डियों पर पड़ी है- उसको यह सब देखने दो और फिर

कहे ख्र सब कुछ ठीक है! क्यों और कहाँ से? यही मेरा प्रश्न है। तुम चुप हो। ठीक है, तो मैं आगे चलता हूँ।

और तुम हिन्दुओ, तुम कहते हो कि आज जो कष्ट भोग रहे हैं, ये पूर्वजन्म के पापी हैं और आज के उत्पीड़क पिछले जन्मों में साधु पुरुष थे, अतः वे सत्ता का आनन्द लूट रहे हैं। मुझे यह मानना पड़ता है कि आपके पूर्वज बहुत चालाक व्यक्ति थे। उन्होंने ऐसे सिद्धान्त गढ़े, जिनमें तर्क और अविश्वास के सभी प्रयासों को विफल करने की काफ़ी ताकत है। न्यायशास्त्र के अनुसार दण्ड को अपराधी पर पड़ने वाले असर के आधार पर केवल तीन कारणों से उचित ठहराया जा सकता है। वे हैं– प्रतिकार, भय तथा सुधार। आज सभी प्रगतिशील विचारकों द्व ारा प्रतिकार के सिद्धान्त की निन्दा की जाती है। भयभीत करने के सिद्धान्त का भी अन्त वहीं है। सुधार करने का सिद्धान्त ही केवल आवश्यक है और मानवता की प्रगति के लिये अनिवार्य है। इसका ध्येय अपराधी को योग्य और शान्तिप्रिय नागरिक के रूप में समाज को लौटाना है। किन्तु यदि हम मनुष्यों को अपराधी मान भी लें, तो ईश्वर द्वारा उन्हें दिये गये दण्ड की क्या प्रकृति है? तुम कहते हो वह उन्हें गाय, बिल्ली, पेड़, जड़ी-बूटी या जानवर बनाकर पैदा करता है। तुम ऐसे 84 लाख दण्डों को गिनाते हो। मैं पूछता हूँ कि मनुष्य पर इनका सुधारक के रूप में क्या असर है? तुम ऐसे कितने व्यक्तियों से मिले हो, जो यह कहते हैं कि वे किसी पाप के कारण पूर्वजन्म में गधा के रूप में पैदा हुए थे? एक भी नहीं? अपने पुराणों से उदाहरण न दो। मेरे पास तुम्हारी पौराणिक कथाओं के लिए कोई स्थान नहीं है। और फिर क्या तुम्हें पता है कि दुनिया में सबसे बड़ा पाप ग़रीब होना है। ग़रीबी एक अभिशाप है। यह एक दण्ड है। मैं पूछता हूँ कि दण्ड प्रक्रिया की कहाँ तक प्रशंसा करें, जो अनिवार्यतः मनुष्य को और अधिक अपराध करने को बाध्य करे? क्या तुम्हारे ईश्वर ने यह नहीं सोचा था या उसको भी ये सारी बातें मानवता द्वारा अकथनीय कष्टों के झेलने की कीमत पर अनुभव से सीखनी थीं? तुम क्या सोचते हो, किसी ग़रीब या अनपढ़ परिवार, जैसे एक चमार या मेहतर के यहाँ पैदा होने पर इनसान का क्या भाग्य होगा? चूँकि वह गरीब है, इसलिये पढ़ाई नहीं कर सकता। वह अपने साथियों से तिरस्कृत एवं परित्यक्त रहता है, जो ऊँची जाति में पैदा होने के कारण अपने को ऊँचा समझते हैं। उसका अज्ञान, उसकी ग़रीबी तथा उससे किया गया व्यवहार उसके हृदय को समाज के प्रति निष्ठुर बना देते हैं। यदि वह कोई पाप करता है तो उसका फल कौन भोगेगा? ईष्वर, वह स्वयं या समाज के मनीषी? और उन लोगों के दण्ड के बारे में क्या होगा, जिन्हें दम्भी ब्राह्मणों ने जान-बूझकर अज्ञानी बनाये रखा तथा जिनको तुम्हारी ज्ञान की पवित्र पुस्तकों– वेदों के कुछ वाक्य सुन लेने के कारण

कान में पिघले सीसे की धारा सहन करने की सजा भुगतनी पड़ती थी? यदि वे कोई अपराध करते हैं, तो उसके लिये कौन ज़िम्मेदार होगा? और उनका प्रहार कौन सहेगा? मेरे प्रिय दोस्तों! ये सिद्धान्त विशेषाधिकार युक्त लोगों के आविष्कार हैं। ये अपनी हथियाई हुई शक्ति, पूँजी तथा उच्चता को इन सिद्धान्तों के आधार पर सही ठहराते हैं। अपटान सिंक्लेयर ने लिखा था कि मनुष्य को बस अमरत्व में विश्वास दिला दो और उसके बाद उसकी सारी सम्पत्ति लूट लो। वह बग़ैर बड़बड़ाये इस कार्य में तुम्हारी सहायता करेगा। धर्म के उपदेशकों तथा सत्ता के स्वामियों के गठबन्धन से ही जेल, फाँसी, कोड़े और ये सिद्धान्त उपजते हैं।

मैं पूछता हूँ तुम्हारा सर्वशक्तिशाली ईश्वर हर व्यक्ति को क्यों नहीं उस समय रोकता है जब वह कोई पाप या अपराध कर रहा होता है? यह तो वह बहुत आसानी से कर सकता है। उसने क्यों नहीं लड़ाकू राजाओं की लड़ने की उग्रता को समाप्त किया और इस प्रकार विश्वयुद्ध द्वारा मानवता पर पड़ने वाली विपत्तियों से उसे बचाया? उसने अंग्रेज़ों के मस्तिष्क में भारत को मुक्त कर देने की भावना क्यों नहीं पैदा की? वह क्यों नहीं पूँजीपतियों के हृदय में यह परोपकारी उत्साह भर देता कि वे उत्पादन के साधनों पर अपना व्यक्तिगत सम्पत्ति का अधिकार त्याग दें और इस प्रकार केवल सम्पूर्ण श्रमिक समुदाय, वरन समस्त मानव समाज को पूँजीवादी बेड़ियों से मुक्त करें? आप समाजवाद की व्यावहारिकता पर तर्क करना चाहते हैं। मैं इसे आपके सर्वशक्तिमान पर छोड़ देता हूँ कि वह लागू करे। जहाँ तक सामान्य भलाई की बात है, लोग समाजवाद के गुणों को मानते हैं। वे इसके व्यावहारिक न होने का बहाना लेकर इसका विरोध करते हैं। परमात्मा को आने दो और वह चीज़ को सही तरीके से कर दे। अंग्रेज़ों की हुकूमत यहाँ इसलिये नहीं है कि ईश्वर चाहता है बल्कि इसलिये कि उनके पास ताकत है और हममें उनका विरोध करने की हिम्मत नहीं। वे हमको अपने प्रभुत्व में ईश्वर की मदद से नहीं रखे हैं, बल्कि बन्दूकों, राइफ़लों, बम और गोलियों, पुलिस और सेना के सहारे। यह हमारी उदासीनता है कि वे समाज के विरुद्ध सबसे निन्दनीय अपराध–एक राष्ट्र का दूसरे राष्ट्र द्वारा अत्याचार पूर्ण शोषण–सफलतापूर्वक कर रहे हैं। कहाँ है ईश्वर? क्या वह मनुष्य जाति के इन कष्टों का मजा ले रहा है? एक नीरो, एक चंगेज़, उसका नाश हो!

क्या तुम मुझसे पूछते हो कि मैं इस विश्व की उत्पत्ति तथा मानव की उत्पत्ति की व्याख्या कैसे करता हूँ? ठीक है, मैं तुम्हें बताता हूँ। चार्ल्स डारविन ने इस विषय पर कुछ प्रकाश डालने की कोशिश की है। उसे पढ़ो। यह एक प्रकृति की घटना है। विभिन्न पदार्थों के, नीहारिका के आकार में, आकस्मिक मिश्रण से पृथ्वी बनी। कब? इतिहास देखो। इसी प्रकार की घटना से जन्तु पैदा हुए और एक लम्बे

दौर में मानव। डार्विन की 'जीव की उत्पत्ति' पढ़ो। और तदुपरान्त सारा विकास मनुष्य द्वारा प्रकृति के लगातार विरोध और उस पर विजय प्राप्त करने की चेष्टा से हुआ। यह इस घटना की सम्भवत: सबसे सूक्ष्म व्याख्या है।

तुम्हारा दूसरा तर्क यह हो सकता है कि क्यों एक बच्चा अन्धा या लंगड़ा पैदा होता है? क्या यह उसके पूर्वजन्म में किये गये कार्यों का फल नहीं है? जीवविज्ञान वेत्ताओं ने इस समस्या का वैज्ञानिक समाधान निकाल लिया है। अवश्य ही तुम एक और बचकाना प्रश्न पूछ सकते हो। यदि ईश्वर नहीं है, तो लोग उसमें विश्वास क्यों करने लगे? मेरा उत्तर सूक्ष्म तथा स्पष्ट है। जिस प्रकार वे प्रेतों तथा दुष्ट आत्माओं में विश्वास करने लगे। अन्तर केवल इतना है कि ईश्वर में विश्वास विश्वव्यापी है और दर्शन अत्यन्त विकसित। इसकी उत्पत्ति का श्रेय उन शोषकों की प्रतिभा को है, जो परमात्मा के अस्तित्व का उपदेश देकर लोगों को अपने प्रभुत्व में रखना चाहते थे तथा उनसे अपनी विशिष्ट स्थिति का अधिकार एवं अनुमोदन चाहते थे। सभी धर्म, समप्रदाय, पन्थ और ऐसी अन्य संस्थाएँ अन्त में निर्दयी और शोषक संस्थाओं, व्यक्तियों तथा वर्गों की समर्थक हो जाती हैं। राजा के विरुद्ध हर विद्रोह हर धर्म में सदैव ही पाप रहा है।

मनुष्य की सीमाओं को पहचानने पर, उसकी दुर्बलता व दोष के समझने के बाद परीक्षा की घड़ियों में मनुष्य को बहादुरी से सामना करने के लिये उत्साहित करने, सभी ख़तरों को पुरुषत्व के साथ झेलने तथा सम्पन्नता एवं ऐश्वर्य में उसके विस्फोट को बाँधने के लिये ईश्वर के काल्पनिक अस्तित्व की रचना हुई। अपने व्यक्तिगत नियमों तथा अभिभावकीय उदारता से पूर्ण ईश्वर की बढ़ा-चढ़ा कर कल्पना एवं चित्रण किया गया। जब उसकी उग्रता तथा व्यक्तिगत नियमों की चर्चा होती है, तो उसका उपयोग एक भय दिखाने वाले के रूप में किया जाता है। ताकि कोई मनुष्य समाज के लिये ख़तरा न बन जाये। जब उसके अभिभावक गुणों की व्याख्या होती है, तो उसका उपयोग एक पिता, माता, भाई, बहन, दोस्त तथा सहायक की तरह किया जाता है। जब मनुष्य अपने सभी दोस्तों द्वारा विश्वासघात तथा त्याग देने से अत्यन्त क्लेष में हो, तब उसे इस विचार से सान्त्वना मिल सकती हे कि एक सदा सच्चा दोस्त उसकी सहायता करने को है, उसको सहारा देगा तथा वह सर्वशक्तिमान है और कुछ भी कर सकता है। वास्तव में आदिम काल में यह समाज के लिये उपयोगी था। पीड़ा में पड़े मनुष्य के लिये ईश्वर की कल्पना उपयोगी होती है। समाज को इस विश्वास के विरुद्ध लड़ना होगा। मनुष्य जब अपने पैरों पर खड़ा होने का प्रयास करता है तथा यथार्थवादी बन जाता है, तब उसे श्रद्धा को एक ओर फेंक देना चाहिए और उन सभी कष्टों, परेशानियों का पुरुषत्व के साथ सामना करना चाहिए, जिनमें परिस्थितियाँ उसे पटक सकती

हैं। यही आज मेरी स्थिति है। यह मेरा अहंकार नहीं है, मेरे दोस्त! यह मेरे सोचने का तरीका है, जिसने मुझे नास्तिक बनाया है। ईश्वर में विश्वास और रोज-ब-रोज की प्रार्थना को मैं मनुष्य के लिये सबसे स्वार्थी और गिरा हुआ काम मानता हूँ। मैंने उन नास्तिकों के बारे में पढ़ा हे, जिन्होंने सभी विपदाओं का बहादुरी से सामना किया। अत: मैं भी एक पुरुष की भाँति फाँसी के फ़न्दे की अन्तिम घड़ी तक सिर ऊँचा किये खड़ा रहना चाहता हूँ।

हमें देखना है कि मैं कैसे निभा पाता हूँ। मेरे एक दोस्त ने मुझे प्रार्थना करने को कहा। जब मैंने उसे नास्तिक होने की बात बतायी तो उसने कहा, "अपने अन्तिम दिनों में तुम विश्वास करने लगोगे।" मैंने कहा, "नहीं, प्यारे दोस्त, ऐसा नहीं होगा। मैं इसे अपने लिये अपमानजनक तथा भ्रष्ट होने की बात समझाता हूँ। स्वार्थी कारणों से मैं प्रार्थना नहीं करूँगा।" पाठकों और दोस्तों, क्या यह अहंकार है? अगर है तो मैं स्वीकार करता हूँ।

छोटे भाई कुलतार के नाम अन्तिम पत्र
(मार्च, 1931)

सेंट्रल जेल, लाहौर,
3 मार्च, 1931

अजीज कुलतार,

आज तुम्हारी आँखों में आँसू देखकर बहुत दुख हुआ। आज तुम्हारी बातों में बहुत दर्द था, तुम्हारे आँसू मुझसे सहन नहीं होते।

बरखुर्दार, हिम्मत से शिक्षा प्राप्त करना और सेहत का ख़याल रखना। हौसला रखना और क्या कहूँ!

उसे यह फ़िक्र है हरदम नया तर्जे-ज़फ़ा क्या है,
हमे यह शौक है देखें सितम की इन्तहा क्या है।
दहर से क्यों खफ़ा रहें, चर्ख का क्यों गिला करें,
सारा जहाँ अदू सही, आओ मुकाबला करें।
कोई दम का मेहमाँ हूँ ऐ अहले-महफ़िल,
चरागे-सहर हूँ बुझा चाहता हूँ।
हवा में रहेगी मेरे ख़याल की बिजली,
ये मुश्ते-ख़ाक है फ़ानी, रहे रहे न रहे।

अच्छा रुख़सत। खुश रहो अहले-वतन; हम तो सफ़र करते हैं। हिम्मत से रहना। नमस्ते।

तुम्हारा भाई,
भगतसिंह

कुलबीर के नाम अन्तिम पत्र
(मार्च, 1931)

लाहौर सेण्ट्रल जेल,
3 मार्च, 1931

प्रिय कुलबीर सिंह,

तुमने मेरे लिए बहुत कुछ किया। मुलाक़ात के वक़्त ख़त के जवाब में कुछ लिख देने के लिए कहा। कुछ अल्फ़ाज (शब्द) लिख दूँ, बस- देखो, मैंने किसी के लिए कुछ न किया, तुम्हारे लिए भी कुछ नहीं। आजकल बिलकुल मुसीबत में छोड़कर जा रहा हूँ। तुम्हारी ज़िन्दगी का क्या होगा? गुज़ारा कैसे करोगे? यही सब सोचकर काँप जाता हूँ, मगर भाई हौसला रखना, मुसीबत में भी कभी मत घबराना। इसके सिवा और क्या कह सकता हूँ। अमेरिका जा सकते तो बहुत अच्छा होता, मगर अब तो यह भी नामुमकिन मालूम होता है। आहिस्ता-आहिस्ता मेहनत से पढ़ते जाना। अगर कोई काम सीख सको तो बेहतर होगा, मगर सब कुछ पिता जी की सलाह से करना। जहाँ तक हो सके, मुहब्बत से सब लोग गुज़ारा करना। इसके सिवाय क्या कहूँ?

जानता हूँ कि आज तुम्हारे दिल के अन्दर गम का सुमद्र ठाठें मार रहा है। भाई तुम्हारी बात सोचकर मेरी आँखों में आँसू आ रहे हैं, मगर क्या किया जाए, हौसला करना। मेरे अजीज़, मेरे बहुत-बहुत प्यारे भाई, ज़िन्दगी बड़ी सख्त है और दुनिया बड़ी बे-मुरव्वत। सब लोग बड़े बेरहम हैं। सिर्फ मुहब्बत और हौसले से ही गुज़ारा हो सकेगा। कुलतार की तालीम की फिक्र भी तुम ही करना। बड़ी शर्म आती है और अफ़सोस के सिवाय मैं कर ही क्या सकता हूँ। साथ वाला ख़त हिन्दी में लिखा हुआ है। ख़त 'के' की बहन को दे देना। अच्छा नमस्कार, अजीज़ भाई अलविदा... रुख़सत।

तुम्हारा खैर-अंदेश
भगतसिंह

शहादत से पहले साथियों को अन्तिम पत्र
(मार्च, 1931)

22 मार्च, 1931

साथियो,

स्वाभाविक है कि जीने की इच्छा मुझमें भी होनी चाहिए, मैं इसे छिपाना नहीं चाहता। लेकिन एक शर्त पर ज़िंदा रह सकता हूँ, कि मैं क़ैद होकर या पाबन्द होकर जीना नहीं चाहता।

मेरा नाम हिन्दुस्तानी क्रांति का प्रतीक बन चुका है और क्रांतिकारी दल के आदर्शों और कुर्बानियों ने मुझे बहुत ऊँचा उठा दिया है- इतना ऊँचा कि जीवित रहने की स्थिति में इससे ऊँचा मैं हर्गिज़ नहीं हो सकता।

आज मेरी कमज़ोरियाँ जनता के सामने नहीं हैं। अगर मैं फाँसी से बच गया तो वे जाहिर हो जाएँगी और क्रांति का प्रतीक चिह्न मद्धिम पड़ जाएगा या संभवतः मिट ही जाए। लेकिन दिलेराना ढंग से हँसते-हँसते मेरे फाँसी चढ़ने की सूरत में हिन्दुस्तानी माताएँ अपने बच्चों के भगतसिंह बनने की आरज़ू किया करेंगी और देश की आज़ादी के लिए कुर्बानी देने वालों की तादाद इतनी बढ़ जाएगी कि क्रांति को रोकना साम्राज्यवाद या तमाम शैतानी शक्तियों के बूते की बात नहीं रहेगी।

हाँ, एक विचार आज भी मेरे मन में आता है कि देश और मानवता के लिए जो कुछ करने की हसरतें मेरे दिल में थीं, उनका हज़ारवाँ भाग भी पूरा नहीं कर सका। अगर स्वतन्त्र, ज़िंदा रह सकता तब शायद उन्हें पूरा करने का अवसर मिलता और मैं अपनी हसरतें पूरी कर सकता। इसके सिवाय मेरे मन में कभी कोई लालच फाँसी से बचे रहने का नहीं आया। मुझसे अधिक भाग्यशाली कौन होगा? आजकल मुझे स्वयं पर बहुत गर्व है। अब तो बड़ी बेताबी से अंतिम परीक्षा का इन्तज़ार है। कामना है कि यह और नज़दीक हो जाए।

आपका साथी

भगतसिंह

हमें गोली से उड़ाया जाए
(मार्च, 1931)

प्रति, गवर्नर पंजाब, शिमला

महोदय,

उचित सम्मान के साथ हम नीचे लिखी बातें आपकी सेवा में रख रहे हैं–

भारत की ब्रिटिश सरकार के सर्वोच्च अधिकारी वायसराय ने एक विशेष अध्यादेश ज़ारी करके लाहौर षड्यंत्र अभियोग की सुनवाई के लिए एक विशेष न्यायधिकरण (ट्रिब्यूनल) स्थापित किया था, जिसने 7 अक्तूबर, 1930 को हमें फाँसी का दण्ड सुनाया। हमारे विरुद्ध सबसे बड़ा आरोप यह लगाया गया है कि हमने सम्राट जॉर्ज पंचम के विरुद्ध युद्ध किया है।

न्यायालय के इस निर्णय से दो बातें स्पष्ट हो जाती हैं-

पहली यह कि अंग्रेज़ जाति और भारतीय जनता के मध्य एक युद्ध चल रहा है। दूसरी यह है कि हमने निश्चित रूप में इस युद्ध में भाग लिया है। अत: हम युद्धबंदी हैं।

यद्यपि इनकी व्याख्या में बहुत सीमा तक अतिशयोक्ति से काम लिया गया हैं, तथापि हम यह कहे बिना नहीं रह सकते कि ऐसा करके हमें सम्मानित किया गया है। पहली बात के सम्बन्ध में हम तनिक विस्तार से प्रकाश डालना चाहते हैं। हम नहीं समझते कि प्रत्यक्ष रूप में ऐसी कोई लड़ाई छिड़ी हुई है। हम नहीं जानते कि युद्ध छिड़ने से न्यायालय का आशय क्या है? परन्तु हम इस व्याख्या को स्वीकार करते हैं और साथ ही इसे इसके ठीक संदर्भ में समझाना चाहते हैं।

युद्ध की स्थिति

हम यह कहना चाहते हैं कि युद्ध छिड़ा हुआ है और यह लड़ाई तब तक चलती रहेगी जब तक कि शक्तिशाली व्यक्तियों ने भारतीय जनता और श्रमिकों की आय के साधनों पर अपना एकाधिकार कर रखा है– चाहे ऐसे व्यक्ति अंग्रेज़ पूँजीपति और अंग्रेज़ या सर्वथा भारतीय ही हों, उन्होंने आपस में मिलकर एक लूट जारी कर रखी है। चाहे शुद्ध भारतीय पूँजीपतियों के द्वारा ही निर्धनों का ख़ून

चूसा जा रहा हो तो भी इस स्थिति में कोई अंतर नही पड़ता। यदि आपकी सरकार कुछ नेताओं या भारतीय समाज के मुखियों पर प्रभाव जमाने में सफल हो जाए, कुछ सुविधायें मिल जाये, अथवा समझौते हो जाएँ, इससे भी स्थिति नहीं बदल सकती, तथा जनता पर इसका प्रभाव बहुत कम पड़ता है। हमें इस बात की भी चिंता नही कि युवको को एक बार फिर धोखा दिया गया है और इस बात का भी भय नहीं है कि हमारे राजनीतिक नेता पथ-भ्रष्ट हो गए हैं और वे समझौते की बातचीत में इन निरपराध, बेघर और निराश्रित बलिदानियों को भूल गए हैं, जिन्हें दुर्भाग्य से क्रांतिकारी पार्टी का सदस्य समझा जाता है। हमारे राजनीतिक नेता उन्हें अपना शत्रु मानते हैं, क्योंकि उनके विचार में वे हिंसा में विश्वास रखते हैं, हमारी वीरांगनाओं ने अपना सब कुछ बलिदान कर दिया है। उन्होंने अपने पतियों को बलिवेदी पर भेंट किया, भाई भेंट किए, और जो कुछ भी उनके पास था सब न्यौछावर कर दिया। उन्होंने अपने आप को भी न्यौछावर कर दिया परन्तु आपकी सरकार उन्हें विद्रोही समझती है। आपके एजेण्ट भले ही झूठी कहानियाँ बनाकर उन्हें बदनाम कर दें और पार्टी की प्रसिद्धी को हानि पहुँचाने का प्रयास करें, परन्तु यह युद्ध चलता रहेगा।

युद्ध के विभिन्न स्वरूप

हो सकता है कि यह लड़ाई भिन्न-भिन्न दशाओं में भिन्न-भिन्न स्वरूप ग्रहण करे। किसी समय यह लड़ाई प्रकट रूप ले ले, कभी गुप्त दशा में चलती रहे, कभी भयानक रूप धारण कर ले, कभी किसान के स्तर पर युद्ध जारी रहे और कभी यह घटना इतनी भयानक हो जाए कि जीवन और मृत्यु की बाजी लग जाए। चाहे कोई भी परिस्थिति हो, इसका प्रभाव आप पर पड़ेगा। यह आप की इच्छा है कि आप जिस परिस्थिति को चाहे चुन लें, परन्तु यह लड़ाई जारी रहेगी। इसमें छोटी-छोटी बातों पर ध्यान नहीं दिया जाएगा। बहुत सभव है कि यह युद्ध भयंकर स्वरूप ग्रहण कर ले। पर निश्चय ही यह उस समय तक समाप्त नहीं होगा जब तक कि समाज का वर्तमान ढाँचा समाप्त नहीं हो जाता, प्रत्येक वस्तु में परिवर्तन या क्रांति समाप्त नहीं हो जाती और मानवी सृष्टि में एक नवीन युग का सूत्रपात नही हो जाता।

अन्तिम युद्ध

निकट भविष्य में अन्तिम युद्ध लड़ा जाएगा और यह युद्ध निर्णायक होगा। साम्राज्यवाद व पूँजीवाद कुछ दिनों के मेहमान हैं। यही वह लड़ाई है जिसमें हमने प्रत्यक्ष रूप से भाग लिया है और हम अपने पर गर्व करते हैं कि इस युद्ध को न तो हमने प्रारम्भ ही किया है और न यह हमारे जीवन के साथ समाप्त ही होगा।

हमारी सेवाएँ इतिहास के उस अध्याय में लिखी जाएँगी जिसको यतीन्द्रनाथ दास और भगवतीचरण के बलिदानों ने विशेष रूप में प्रकाशमान कर दिया है। इनके बलिदान महान हैं। जहाँ तक हमारे भाग्य का संबंध है, हम जोरदार शब्दों में आपसे यह कहना चाहते हैं कि आपने हमें फाँसी पर लटकाने का निर्णय कर लिया है। आप ऐसा करेंगे ही, आपके हाथों में शक्ति है और आपको अधिकार भी प्राप्त है। परन्तु इस प्रकार आप जिसकी लाठी उसकी भैंस वाला सिद्धान्त ही अपना रहे हैं और आप उस पर कटिबद्ध हैं। हमारे अभियोग की सुनवाई इस बात को सिद्ध करने के लिए पर्याप्त है कि हमने कभी कोई प्रार्थना नहीं की और अब भी हम आपसे किसी प्रकार की दया की प्रार्थना नहीं करते। हम आप से केवल यह प्रार्थना करना चाहते हैं कि आपकी सरकार के ही एक न्यायालय के निर्णय के अनुसार हमारे विरुद्ध युद्ध जारी रखने का अभियोग है। इस स्थिति में हम युद्धबंदी हैं, अतः इस आधार पर हम आपसे माँग करते हैं कि हमारे प्रति युद्धबन्दियों-जैसा ही व्यवहार किया जाए और हमें फाँसी देने के बदले गोली से उड़ा दिया जाए।

अब यह सिद्ध करना आप का काम है कि आपको उस निर्णय में विश्वास है जो आपकी सरकार के न्यायालय ने किया है। आप अपने कार्य द्वारा इस बात का प्रमाण दीजिए। हम विनयपूर्वक आप से प्रार्थना करते हैं कि आप अपने सेना-विभाग को आदेश दे दें कि हमें गोली से उड़ाने के लिए एक सैनिक टोली भेज दी जाए।

भवदीय,

भगतसिंह, राजगुरु, सुखदेव

क़ौम के नाम सन्देश
(मार्च, 1931)

['क़ौम के नाम सन्देश' के रूप में प्रसिद्द और 'नवयुवक राजनीतिक कार्यकर्ताओं के नाम पत्र ' शीर्षक के साथ मिले इस दस्तावेज के कई प्रारूप और हिन्दी अनुवाद उपलब्ध हैं, यह एक संक्षिप्त रूप है। लाहौर के पीपुल्स में 29 जुलाई, 1931 और इलाहाबाद के अभ्युदय में 8 मई, 1931 के अंक में इसके कुछ अंश प्रकाशित हुए थे। यह दस्तावेज़ अंग्रेज़ सरकार की एक गुप्त पुस्तक 'बंगाल में संयुक्त मोर्चा आंदोलन की प्रगति पर नोट' से प्राप्त हुआ, जिसका लेखक सी. आई. डी. अधिकारी सी. ई. एस. फेयरवेदर था और जो उसने 1936 में लिखी थी। उसके अनुसार यह लेख भगतसिंह ने लिखा था और 3 अक्तूबर, 1931 को श्रीमती विमला प्रभादेवी के घर से तलाशी में हासिल हुआ था। सम्भवत: 2 फरवरी, 1931 को यह दस्तावेज़ लिखा गया।]

नवयुवक राजनीतिक कार्यकर्ताओं के नाम पत्र

प्रिय साथियो

इस समय हमारा आन्दोलन अत्यन्त महत्त्वपूर्ण परिस्थितियों में से गुज़र रहा है। एक साल के कठोर संग्राम के बाद गोलमेज कान्फ्रेन्स ने हमारे सामने शासन-विधान में परिवर्तन के सम्बन्ध में कुछ निश्चित बातें पेश की हैं और कांग्रेस के नेताओं को निमन्त्रण दिया है कि वे आकर शासन-विधान तैयार करने के कामों में मदद दें। कांग्रेस के नेता इस हालत में आन्दोलन को स्थगित कर देने के लिए तैयार दिखायी देते हैं। वे लोग आन्दोलन स्थगित करने के हक़ में फैसला करेंगे या खिलाफ, यह बात हमारे लिये बहुत महत्त्व नहीं रखती। यह बात निश्चित है कि वर्तमान आन्दोलन का अन्त किसी न किसी प्रकार के समझौते के रूप में होना लाज़िमी है। यह दूसरी बात है कि समझौता जल्दी हो जाये या देरी हो।

वस्तुत: समझौता कोई हेय और निन्दा योग्य वस्तु नहीं, जैसा कि साधारणत: हम लोग समझते हैं, बल्कि समझौता राजनैतिक संग्रामों का एक अत्यावश्यक अंग है। कोई भी क़ौम, जो किसी अत्याचारी शासन के विरुद्ध खड़ी होती है, ज़रूरी है कि वह प्रारम्भ में असफल हो और अपनी लम्बी जद्दोजहद के मध्यकाल में

इस प्रकार के समझौते के जरिये कुछ राजनैतिक सुधार हासिल करती जाये, परन्तु वह अपनी लड़ाई की आख़िरी मंजिल तक पहुँचते-पहुँचते अपनी ताकतों को इतना दृढ़ और संगठित कर लेती है और उसका दुश्मन पर आख़िरी हमला ऐसा जोरदार होता है कि शासक लोगों की ताकतें उस वक्त तक भी यह चाहती हैं कि उसे दुश्मन के साथ कोई समझौता कर लेना पड़े। यह बात रूस के उदाहरण से भली-भाँति स्पष्ट की जा सकती है।

1905 में रूस में क्रान्ति की लहर उठी। क्रान्तिकारी नेताओं को बड़ी भारी आशाएँ थीं, लेनिन उसी समय विदेश से लौट कर आये थे, जहाँ वह पहले चले गये थे। वे सारे आन्दोलन को चला रहे थे। लोगों ने कोई दर्जन भर भूस्वामियों को मार डाला और कुछ मकानों को जला डाला, परन्तु वह क्रान्ति सफल न हुई। उसका इतना परिणाम अवश्य हुआ कि सरकार कुछ सुधार करने के लिये बाध्य हुई और ड्यूमा (पार्लियामेन्ट) की रचना की गयी। उस समय लेनिन ने ड्यूमा में जाने का समर्थन किया, मगर 1906 में उसी का उन्होंने विरोध शुरू कर दिया और 1907 में उन्होंने दूसरी ड्यूमा में जाने का समर्थन किया, जिसके अधिकार बहुत कम कर दिये गये थे। इसका कारण था कि वह ड्यूमा को अपने आन्दोलन का एक मंच (प्लेटफार्म) बनाना चाहते थे।

इसी प्रकार 1917 के बाद जब जर्मनी के साथ रूस की सन्धि का प्रश्न चला, तो लेनिन के सिवाय बाक़ी सभी लोग उस सन्धि के ख़िलाफ़ थे। परन्तु लेनिन ने कहा, "शान्ति, शान्ति और फिर शान्ति– किसी भी कीमत पर हो, शान्ति। यहाँ तक कि यदि हमें रूस के कुछ प्रान्त भी जर्मनी के 'वारलार्ड' को सौंप देने पड़ें, तो भी शान्ति प्राप्त कर लेनी चाहिए।" जब कुछ बोल्शेविक नेताओं ने भी उनकी इस नीति का विरोध किया, तो उन्होंने साफ़ कहा कि "इस समय बोल्शेविक सरकार को मज़बूत करना है।"

जिस बात को मैं बताना चाहता हूँ वह यह है कि समझौता भी एक ऐसा हथियार है, जिसे राजनैतिक जद्दोजहद के बीच में पग-पग पर इस्तेमाल करना आवश्यक हो जाता है, जिससे एक कठिन लड़ाई से थकी हुई क़ौम को थोड़ी देर के लिये आराम मिल सके और वह आगे युद्ध के लिये अधिक ताकत के साथ तैयार हो सके। परन्तु इन सारे समझौतों के बावजूद जिस चीज़ को हमें भूलना नहीं चाहिए, वह हमारा आदर्श है जो हमेशा हमारे सामने रहना चाहिए। जिस लक्ष्य के लिये हम लड़ रहे हैं, उसके सम्बन्ध में हमारे विचार बिलकुल स्पष्ट और दृढ़ होने चाहिए। यदि आप सोलह आने के लिये लड़ रहे हैं और एक आना मिल जाता है, तो वह एक आना जेब में डाल कर बाकी पन्द्रह आने के लिये फिर जंग छेड़ दीजिए। हिन्दुस्तान के माडरेटों की जिस बात से हमें नफ़रत है वह यही

है कि उनका आदर्श कुछ नहीं है। वे एक आने के लिये ही लड़ते हैं और उन्हें मिलता कुछ भी नहीं।

भारत की वर्तमान लड़ाई ज़्यादातर मध्य वर्ग के लोगों के बलबूते पर लड़ी जा रही है, जिसका लक्ष्य बहुत सीमित है। कांग्रेस दूकानदारों और पूँजीपतियों के जरिये इंग्लैण्ड पर आर्थिक दबाव डाल कर कुछ अधिकार ले लेना चाहती है। परन्तु जहाँ तक देश की करोड़ों मज़दूर और किसान जनता का ताल्लुक है, उनका उद्धार इतने से नहीं हो सकता। यदि देश की लड़ाई लड़नी हो, तो मज़दूरों, किसानों और सामान्य जनता को आगे लाना होगा, उन्हें लड़ाई के लिये संगठित करना होगा। नेता उन्हें आगे लाने के लिये अभी तक कुछ नहीं करते, न कर ही सकते हैं। इन किसानों को विदेशी हुकूमत के साथ-साथ भूमिपतियों और पूँजीपतियों के जुए से भी उद्धार पाना है, परन्तु कांग्रेस का उद्देश्य यह नहीं है।

इसलिये मैं कहता हूँ कि कांग्रेस के लोग सम्पूर्ण क्रान्ति नहीं चाहते। सरकार पर आर्थिक दबाव डाल कर वे कुछ सुधार और लेना चाहते हैं। भारत के धनी वर्ग के लिये कुछ रियायतें और चाहते हैं और इसलिये मैं यह भी कहता हूँ कि कांग्रेस का आन्दोलन किसी न किसी समझौते या असफलता में ख़त्म हो जायेगा। इस हालत में नौजवानों को समझ लेना चाहिए कि उनके लिये वक्त और भी सख्त आ रहा है। उन्हें सतर्क हो जाना चाहिए कि कहीं उनकी बुद्धि चकरा न जाये या वे हताश न हो बैठें। महात्मा गाँधी की दो लड़ाइयों का अनुभव प्राप्त कर लेने के बाद वर्तमान परिस्थितियों और अपने भविष्य के प्रोग्राम के सम्बन्ध में साफ़-साफ़ नीति निर्धारित करना हमारे लिये अब ज़्यादा ज़रूरी हो गया है।

इतना विचार कर चुकने के बाद मैं अपनी बात अत्यन्त सादे शब्दों में कहना चाहता हूँ। आप लोग इंकलाब-ज़िन्दाबाद (long live revolution) का नारा लगाते हैं। यह नारा हमारे लिये बहुत पवित्र है और इसका इस्तेमाल हमें बहुत ही सोच-समझ कर करना चाहिए। जब आप नारे लगाते हैं, तो मैं समझता हूँ कि आप लोग वस्तुतः जो पुकारते हैं वही करना भी चाहते हैं। असेम्बली बम केस के समय हमने क्रान्ति शब्द की यह व्याख्या की थी– क्रान्ति से हमारा अभिप्राय समाज की वर्तमान प्रणाली और वर्तमान संगठन को पूरी तरह उखाड़ फेंकना है। इस उद्देश्य के लिये हम पहले सरकार की ताकत को अपने हाथ में लेना चाहते हैं। इस समय शासन की मशीन अमीरों के हाथ में है। सामान्य जनता के हितों की रक्षा के लिये तथा अपने आदर्शों को क्रियात्मक रूप देने के लिये– अर्थात् समाज का नये सिरे से संगठन कार्ल मार्क्स के सिद्धान्तों के अनुसार करने के लिये–हम सरकार की मशीन को अपने हाथ में लेना चाहते हैं। हम इस उद्देश्य के लिये लड़ रहे हैं। परन्तु इसके लिये साधारण जनता को शिक्षित करना चाहिए।

जिन लोगों के सामने इस महान क्रान्ति का लक्ष्य है, उनके लिये नये शासन-सुधारों की कसौटी क्या होनी चाहिए? हमारे लिये निम्नलिखित तीन बातों पर ध्यान रखना किसी भी शासन-विधान की परख के लिये जरूरी है– शासन की जिम्मेदारी कहाँ तक भारतीयों को सौंपी जाती है?

शासन-विधान को चलाने के लिये किस प्रकार की सरकार बनायी जाती है और उसमें हिस्सा लेने का आम जनता को कहाँ तक मौका मिलता है?

भविष्य में उससे क्या आशाएँ की जा सकती हैं? उस पर कहाँ तक प्रतिबन्ध लगाये जाते हैं? सर्व-साधारण को वोट देने का हक दिया जाता है या नहीं?

भारत की पार्लियामेन्ट का क्या स्वरूप हो, यह प्रश्न भी महत्त्वपूर्ण है। भारत सरकार की कौंसिल आफ स्टेट सिर्फ़ अमीरों का जमघट है और लोगों को फाँसने का एक पिंजरा है, इसलिये उसे हटा कर एक ही सभा, जिसमें जनता के प्रतिनिधि हों, रखनी चाहिए। प्रान्तीय स्वराज्य का जो निश्चय गोलमेज कान्फ्रेन्स में हुआ, उसके सम्बन्ध में मेरी राय है कि जिस प्रकार के लोगों को सारी ताकतें दी जा रही हैं, उससे तो यह 'प्रान्तीय स्वराज्य' न होकर 'प्रान्तीय ज़ुल्म' हो जायेगा।

इन सब अवस्थाओं पर विचार करके हम इस परिणाम पर पहुँचते हैं कि सबसे पहले हमें सारी अवस्थाओं का चित्र साफ तौर पर अपने सामने अंकित कर लेना चाहिए। यद्यपि हम यह मानते हैं कि समझौते का अर्थ कभी भी आत्मसमर्पण या पराजय स्वीकार करना नहीं, किन्तु एक कदम आगे और फिर कुछ आराम है, परन्तु हमें साथ ही यह भी समझ लेना कि समझौता इससे अधिक भी और कुछ नहीं। वह अन्तिम लक्ष्य और हमारे लिये अन्तिम विश्राम का स्थान नहीं।

हमारे दल का अन्तिम लक्ष्य क्या है और उसके साधन क्या हैं– यह भी विचारणीय है। दल का नाम 'सोशलिस्ट रिपब्लिकन पार्टी' है और इसलिए इसका लक्ष्य एक सोशलिस्ट समाज की स्थापना है। कांग्रेस और इस दल के लक्ष्य में यही भेद है कि राजनैतिक क्रान्ति से शासन-शक्ति अंग्रेज़ों के हाथ से निकल हिन्दुस्तानियों के हाथों में आ जायेगी। हमारा लक्ष्य शासन-शक्ति को उन हाथों के सुपुर्द करना है, जिनका लक्ष्य समाजवाद हो। इसके लिये मज़दूरों और किसानों को संगठित करना आवश्यक होगा, क्योंकि उन लोगों के लिये लार्ड रीडिंग या इरविन की जगह तेजबहादुर या पुरुषोत्तम दास ठाकुर दास के आ जाने से कोई भारी फ़र्क़ न पड़ सकेगा।

पूर्ण स्वाधीनता से भी इस दल का यही अभिप्राय है। जब लाहौर कांग्रेस ने पूर्ण स्वाधीनता का प्रस्ताव पास किया, तो हम लोग पूरे दिल से इसे चाहते थे, परन्तु कांग्रेस के उसी अधिवेशन में महात्मा जी ने कहा कि "समझौते का दरवाजा अभी खुला है।" इसका अर्थ यह था कि वह पहले ही जानते थे कि उनकी लड़ाई

का अन्त इसी प्रकार के किसी समझौते में होगा और वे पूरे दिल से स्वाधीनता की घोषणा न कर रहे थे। हम लोग इस बेदिली से घृणा करते हैं।

इस उद्देश्य के लिये नौजवानों को कार्यकर्ता बन कर मैदान में निकलना चाहिए, नेता बनने वाले तो पहले ही बहुत हैं। हमारे दल को नेताओं की आवश्यकता नहीं। अगर आप दुनियादार हैं, बाल-बच्चों और गृहस्थी में फँसे हैं, तो हमारे मार्ग पर मत आइए। आप हमारे उद्देश्य से सहानुभूति रखते हैं, तो और तरीकों से हमें सहायता दीजिए। सख्त नियन्त्रण में रह सकने वाले कार्यकर्ता ही इस आन्दोलन को आगे ले जा सकते हैं। जरूरी नहीं कि दल इस उद्देश्य के लिये छिप कर ही काम करे। हमें युवकों के लिये स्वाध्याय-मण्डल (study circle) खोलने चाहिए। पैम्फलेटों और लीफलेटों, छोटी पुस्तकों, छोटे-छोटे पुस्तकालयों और लेक्चरों, बातचीत आदि से हमें अपने विचारों का सर्वत्र प्रचार करना चाहिए।

हमारे दल का सैनिक विभाग भी संगठित होना चाहिए। कभी-कभी उसकी बड़ी ज़रूरत पड़ जाती है। इस सम्बन्ध में मैं अपनी स्थिति बिलकुल साफ़ कर देना चाहता हूँ। मैं जो कुछ कहना चाहता हूँ, उसमें ग़लतफ़हमी की सम्भावना है, पर आप लोग मेरे शब्दों और वाक्यों का कोई गूढ़ अभिप्राय न गढ़ें।

यह बात प्रसिद्ध ही है कि मैं आतंकवादी (terrorist) रहा हूँ, परन्तु मैं आतंकवादी नहीं हूँ। मैं एक क्रान्तिकारी हूँ, जिसके कुछ निश्चित विचार और निश्चित आदर्श हैं और जिसके सामने एक लम्बा कार्यक्रम है। मुझे यह दोष दिया जायेगा, जैसा कि लोग राम प्रसाद 'बिस्मिल' को भी देते थे कि फाँसी की काल-कोठरी में पड़े रहने से मेरे विचारों में भी कोई परिवर्तन आ गया है। परन्तु ऐसी बात नहीं है। मेरे विचार अब भी वही हैं। मेरे हृदय में अब भी उतना ही और वैसा ही उत्साह है और वही लक्ष्य है जो जेल के बाहर था। पर मेरा यह दृढ़ विश्वास है कि हम बम से कोई लाभ प्राप्त नहीं कर सकते। यह बात हिन्दुस्तान सोशलिस्ट रिपब्लिकन पार्टी के इतिहास से बहुत आसानी से मालूम हो जाती है। केवल बम फेंकना न सिर्फ़ व्यर्थ है, अपितु बहुत बार हानिकारक भी है। उसकी आवश्यकता किन्हीं ख़ास अवस्थाओं में ही पड़ा करती है। हमारा मुख्य लक्ष्य मज़दूरों और किसानों का संगठन होना चाहिए। सैनिक विभाग युद्ध-सामग्री को किसी ख़ास मौके के लिये केवल संग्रह करता रहे।

यदि हमारे नौजवान इसी प्रकार प्रयत्न करते जायेंगे, तब जाकर एक साल में स्वराज्य तो नहीं, किन्तु भारी कुर्बानी और त्याग की कठिन परीक्षा में से गुज़रने के बाद वे अवश्य ही विजयी होंगे।

इंकलाब-ज़िन्दाबाद!

(2 फरवरी,1931)